I0147232

Venciendo
La TORMENTA
PERFECTA

Ana Louceiro Plattner

VENCIENDO LA TORMENTA PERFECTA

©Ana Louceiro Plattner
1ra EDICIÓN 2023

Derechos reservados. Esta publicación no puede ser reproducida ni transmitida en forma alguna, ni total ni parcialmente. Tampoco podrá ser archivada ni reproducida electrónicamente, mecánicamente, en fotocopia, grabación, ni por ningún medio de información sin los debidos permisos del autor.

Categoría: Restauración, Reino
Publicado por: Ministerio Voz de la Luz
Diagramación: Andrea Jaramillo, Ecuador
Portada: Ana Méndez Ferrell

ISBN: 978-1-944681-63-0

Dedico este libro a mi amado Padre Celestial por su amor infinito, a Jesucristo mi Señor, mi maestro y sobre todo mi hermano y amigo, al precioso Espíritu Santo que me ha arropado e inspirado a escribir cada página.

También quiero dedicarlo a mi amado esposo, Luis Plattner, sin el cual este libro sería imposible, gracias amor mío por cada segundo, por cada risa, por amarme y cuidarme siempre y por ser el mejor compañero de vida en este viaje maravilloso por esta dimensión. A mis hijas Paula y Valentina por adoptarme cómo mamá, las amo con todo mi todo. A mi mamá Ana Méndez Ferrell por nunca perder la fé, por cada una de las semillas que plantaste en mi y por perseverar hasta verlas germinar, gracias mamita por tu amor y dedicación ayudándome con la edición de éste, mi primer libro.

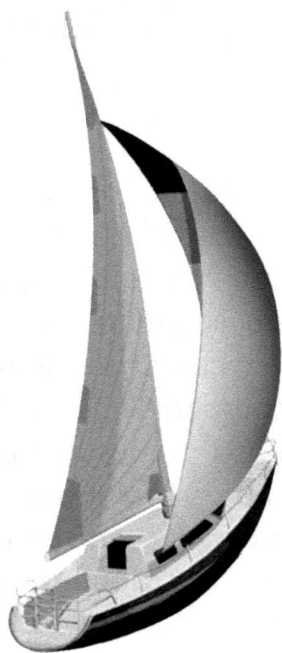

Índice

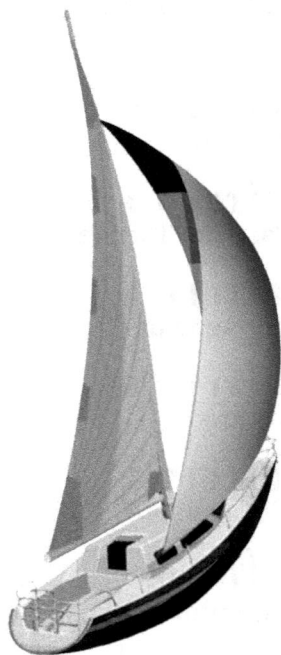

Prólogo

Por **Ana Méndez Ferrell**

Al escribir este prólogo, lo hago desde la perspectiva del ministerio que Dios me ha dado y no desde la opinión de una madre.

Cuando leí el libro, me impactó primeramente la frase que Ana usa para determinar una verdad que está golpeando fuertemente nuestras sociedades, "matrimonios desechables".

En los fundamentos de los diseños de Dios está el de la unidad matrimonial. Esto que hoy en día es más una idea que una realidad se ha ido convirtiendo en un cliché sin raíces ni sustancia, y un tema que Ana aborda con gran profundidad y entendimiento.

Me impresionó la lucha incesante con la que se aferró a Dios, para buscar de Él respuestas para salvar su relación. La valentía, el arrojo, la humildad y la perseverancia fruto de lo que es un verdadero amor, llevarán a cualquiera que lea este libro a revalorar lo que es un matrimonio verdadero en Dios.

Ana nos lleva a la esencia de lo que nuestro Creador concibió dentro de Su corazón cuando pensó en la maravilla, el gozo y el poder que tiene ser "Uno" como pareja.

A través de casi cuarenta años de ministrar al pueblo de Dios, me he dado cuenta cuantos se casan con "el ideal del amor", con "el sueño de una unión de cuento de hadas", más no con la persona. Esto produce que cuando el encanto se esfuma en la cotidianidad de la vida, el matrimonio se vuelve desechable. La realidad es que estaban casados con "lo bien que se sentían con ese aparente ser amado" pero realmente nunca buscaron el perfecto amalgamiento que funde a los dos en uno solo.

Por esta razón este libro me parece importantísimo, porque Dios quiere redefinir lo que la sociedad y la cultura moderna han hecho un destrozo. Toda civilización que se vino abajo fue porque perdieron el diseño original del verdadero amor matrimonial entre un hombre y una mujer, y se desviaron en toda forma de perversión moral.

Hay un clamor en el corazón del Padre que está gritando que reencontremos este diseño y Ana lo escuchó y nos entrega paso a pasó las palabras y las experiencias que llevan a la resurrección de todo amor que ha muerto o está por desvanecerse.

Estas páginas que están por leer van a tocar lugares profundos del corazón, van a ser luz donde ya no sepan qué hacer, y van a ser de inspiración para que se determinen a vencer.

Sobre toda la tierra está latiendo fuertemente el poder del amor quien es la fuente de la resurrección y es accesible a todo aquel que quiera traer a vida su matrimonio.

La solución está en darle valor a esa unión por la cual se juraron amor hasta el final el uno al otro y ver en Dios la obra terminada de lo que anhelan, como lo leerás en este libro.

> *"Porque entonces te deleitarás*
> *en el Omnipotente,*
>
> *Y alzarás a Dios tu rostro.*
> *Orarás a él, y él te oirá;*
> *Y tú pagarás tus votos.*
>
> *Determinarás asimismo una cosa,*
> *y te será firme, Y sobre tus caminos*
> *resplandecerá luz.*

Job 22:26-28

Gracias Ana por este libro tan propicio para este tiempo. Sé que serán transformados muchos matrimonios y aun los que estén firmes, pero tal vez ya sin fuego, encontrarán en estas páginas la luz de Dios para volver a brillar.

Ana Méndez Ferrell
A los pies de Cristo

UNA SOMBRA EN EL RADAR

Escribo este libro porque mi corazón se rompe cada vez que escucho que otro matrimonio está en separación o divorcio, y siento dentro de mi un llamado de auxilio. En estos tiempos de matrimonios desechables, de almas destruidas y de corazones rotos, el Señor nos restauró cómo matrimonio de una forma maravillosa y con un propósito extraordinario, el de poder ayudar a otros en la misma situación.

Si el Padre pudo restaurarnos, no solo para vencer la tormenta perfecta sino para ser un matrimonio dentro de su diseño, también puede hacerlo por ti y por tu familia. De hecho si, con ayuda de Cristo y de este libro una sola pareja es restaurada, habrá cumplido su propósito.

Cada relación, cada matrimonio, cada familia son un universo único e irrepetible. El diseño perfecto que Dios creó para nosotros desde el principio era ese, el de una familia.

Un varón y una varona, y juntos serían una unidad, en su imagen y en esa unidad fructificar, multiplicar, llenar la tierra, sojuzgar y señorear.

> *Entonces dijo Dios: Hagamos al hombre a nuestra imagen, conforme a nuestra semejanza; y señoree en los peces del mar, en las aves de los cielos, en las bestias, en toda la tierra, y en todo animal que se arrastra sobre la tierra. Y creó Dios al hombre a su imagen, a imagen de Dios lo creó; varón y hembra los creó. Y los bendijo Dios, y les dijo: Fruc-*

tificad y multiplicaos; llenad la tierra, y sojuzgadla, y señoread en los peces del mar, en las aves de los cielos, y en todas las bestias que se mueven sobre la tierra.

Génesis 1:26-28

¡Qué lejos estamos de este maravilloso diseño!

Cada uno de nosotros traemos a nuestro matrimonio, todas las estructuras con las cuales creamos esa morada espiritual en donde habitamos. Según lo que hayamos vivido, y como decimos siempre en casa, cuantas piedras innecesarias traemos en la mochila, imponiéndolas en nuestras relaciones. Porque, como no sabemos lidiar con ellas, simplemente las cargamos y las llevamos de un lado a otro.

Aunado a eso, vivimos en una etapa de esta dimensión, donde todos tienen una opinión sobre todas las cosas, todos saben de todo, y todos imponen su verdad unos sobre los otros. Lo que está bien, lo que está mal, lo que debes aguantar, lo que no, lo que es o deja de ser el amor, y vamos por la vida emitiendo juicios sin tener el menor derecho a hacerlo, y además en la mayoría de los casos sin conocimiento alguno.

Este libro, no busca ni juzgar, ni educar, ni establecer ningún sistema o ninguna doctrina, este es un libro de amor. Está lleno de experiencias y dimensiones espirituales, no es un libro de psicología, tampoco es una telenovela en donde sacamos a lavar la ropa sucia públicamente. Es un libro que habla de las tormentas de una pareja fracturada y como Dios restauró cada una de esas áreas para llevarnos a un matrimonio dentro del Reino de Dios, lleno de su luz y su vida.

Así que, estén al principio, en medio o pasando la tormenta, hayan decidido seguir juntos o no, este es un libro de restauración, como personas y como pareja, para volver a ser uno, como lo fueron en un principio.

Una "**tormenta perfecta**" es un término meteorológico aplicado a un fenómeno específico e inusual de gran magnitud. En este caso lo uso para describir un evento en el que una rara combinación de circunstancias agrava drásticamente una situación.

La tormenta perfecta no es ocasionada por un factor individual, la tormenta se alimenta de diferentes niveles de presión alta y presión baja, de vientos del norte y del sur, de aguas cálidas y aguas frías, de la unión de varias tormentas, en fin, los escenarios son muy diversos pero la constante es la misma, para que exista una tormenta perfecta debemos tener una combinación de circunstancias.

Nuestra tormenta perfecta tuvo mentiras, adicciones, ego, egoismo, pornografía, idealización, codependencia, juicios, enojos, ira, seducción, engaños, soledad, inseguridad, miedo, cautividad, hijos, familia, amigos y una mochila llena de todo lo que veniamos cargando de relaciones anteriores y de la forma en la que crecimos.

La tormenta era un monstruo gigante que se nutría por diferentes frentes, haciéndose más grande y más destructiva. Cuando finalmente las aguas se calmaron y pudimos ver todos los destrozos que habíamos causado, el daño era tan grande que no había ni por donde empezar a limpiar los estragos.

Todo lo que habíamos construido estaba en ruinas, la confianza era inexistente, la culpa, el enojo, el dolor, nuestras familias y amigos, todo, absolutamente todo, era un desastre.

Aquí fue cuando el trabajo de verdad comenzó, y cuando tomamos la decisión de amarnos sin "pero´s", sin condicionantes, con compromiso y responsabilidad, entendiendo que éramos dos seres humanos llenos de defectos, llenos de pecado y completamente rendidos. Siendo conscientes de que cada una de nuestras decisiones, nos había llevado al infierno que vivimos y que no queríamos por ningún motivo volver a pasar por ahí.

Para lograr esto el cambio necesitaba ser radical, rendirnos ante Dios fue el primer paso y el más maravilloso que hemos dado.

Así que este no es un libro para que aprendas a sobrevivir al lobo feroz de caperucita. Este es un viaje al interior de tu alma, a descubrir ¿qué es lo que cargas?, a encontrarte con tu espíritu en el diseño perfecto en el que fuiste creado, muriendo a tí mismo para encontrarte con Jesús. Es ahí donde podrás vaciar tu mochila de piedras, y poder empezar a caminar en el amor de la resurrección, y en ese amor, volver al origen, al diseño original, y fundamentar tu matrimonio como Dios lo creó.

El Calentamiento
DEL MAR

Todas las cosas tienen un origen, tanto las cosas buenas que vivimos y las circunstancias por las que pasamos, así cómo las construcciones que hacemos tanto en la vida cómo en el alma. De la misma manera, una tormenta no se forma súbitamente de la nada, sino que empieza con el calentamiento del mar.

A todos nos encantaría decir, que siempre hemos tomado las decisiones correctas, que nunca nos equivocamos o que jamás hemos sufrido o vivido alguna separación. Sin embargo, todo esto dista mucho de la realidad que vivimos.

Pero, ¿por qué tomamos malas decisiones?, ¿por qué nos pasa todo lo que nos pasa?, ¿por qué parece que hay personas, que como decimos en México, "les llueve sobre mojado"?

Para poder entender lo que nos sucede en la vida, tenemos que adentrarnos al origen. Si no entendemos el origen de cada uno de nuestros comportamientos y situaciones, estamos destinados a seguir viviendo en "estado de consecuencia".

Entendamos primeramente que una tormenta es algo que se forma, tiene un tiempo de existencia y luego se va muriendo hasta desaparecer. No es algo creado por Dios para permanecer perennemente como lo es el mar por ejemplo. Luego hay cosas que se originan, viven y pasan pero no tienen eternidad, y otras como nosotros, que fuimos creados para ser eternos.

Si entendemos esto último, tendremos una plataforma firme para ver pasar las tempestades de la vida sin que nos alteren, ni hagan estragos.

Entonces, hagamos un viaje a nuestro lugar de origen.

Y cuando me refiero al origen, lo digo de manera textual, me refiero al Génesis, a como fuimos creados.

> *"Bendito sea el Dios y Padre de nuestro Señor Jesucristo, que nos bendijo con toda bendición espiritual en los lugares celestiales en Cristo, según nos escogió en él antes de la fundación del mundo, para que fuésemos santos y sin mancha delante de él,"*
>
> **Efesios 1:3-4**

Lo primero que debemos tener claro, es que nosotros, estábamos en Él, antes de la Fundación del mundo. Es decir, antes que todo lo que ves y percibes en esta dimensión física, tú ya existías dentro del corazón de Dios, ahí fuiste creado, de ahí saliste, y ahí mismo, dentro del corazón del Padre, Él te bendijo y te dio TODA bendición espiritual en los lugares celestiales en Cristo, santo y sin mancha.

Este es tu diseño, para esto fuiste creado, ¡créelo!, y entonces pregúntate: ¿soy bendecido en Cristo, santo y sin mancha? Si la respuesta es no, entonces necesitamos seguir buscando qué fue lo que pasó.

Hace unos años durante una conferencia cristiana, me encontraba adorando, conectando mi mente y mi corazón en una sola frecuencia, abandonando completamente mi voluntad y sujetándola al Padre, buscando únicamente adorarlo y darle gloria. De pronto, como de película de ciencia ficción, empecé a vivir una experiencia completamente fuera de esta dimensión.

Fui llevada en el espíritu a un lugar celestial, en donde estaba yo, antes de venir a esta dimensión. Mi yo resplandeciente, como una pequeña estrella, brincaba y saltaba de un lado para otro, llena de gozo y de alegría, revoloteaba por el universo, mientras la mirada tierna de Nuestro Padre me miraba y decía con ternura -"Ay Ana, no pierdas nunca ese gozo de niña" .... ¡Me llamó Ana!.... Ese era mi nombre... la experiencia continuó. Yo le decía -"Papá, ya mándame, estoy lista" a lo que Él repetía en múltiples ocasiones, "Aún no es tu tiempo, además cuando vayas a la tierra te olvidarás de mí", "¿olvidarme de ti?" respondí -"Eso es imposible, te prometo que no me voy a olvidar de tí"....

Me tomó cuarenta años recordar esa promesa.... Y lloré, lloré mucho cuando me di cuenta, de que tal y cómo Él me había dicho, yo lo había olvidado....

Al pasar los años, le conté esta experiencia a mi mamá y llorando, le describí el dolor que había en mi corazón por haber olvidado esa promesa por tanto tiempo. Lo que yo no esperaba era lo que ella estaba a punto de decirme.

Ella me dijo:
-"No Ani, no te olvidaste por cuarenta años. Cuando eras una niña y apenas empezabas a hablar, viniste conmigo una noche y me dijiste: - "Mamá yo quiero ver a Dios",

-"Yo en la falta de conocimiento que tenía en aquel entonces y con suma inocencia te dije: 'Vamos a pedirle que lo puedas ver en tus sueños. Oramos y te fuiste a dormir'".

A la mañana siguiente, llegaste llorando a mi cama a las seis de la mañana.

-"Mamá, mamá así no lo quiero ver, tiene los brazos abiertos y está todo lleno de sangre, le duele mucho, así no lo quiero ver".

-"Yo me quedé atónita", continuó diciendo.
-" No entendía nada de lo que estaba pasando. Estaba muy impresionada por lo que mi niña de dos años me contaba, ya que en la casa no había ningún crucifijo. Así que, ¿de dónde podía mi bebé estar sacando semejante visión? Así que te dije: -Tranquila mi amor, ese es Jesús al que viste, él murió por nuestros pecados pero también resucitó y ahora está lleno de gloria.

Vamos a pedirle que lo quieres ver así y no con sangre. Volvimos a orar, esta vez con más precisión. Al día siguiente, de nuevo a las seis de la mañana, volviste a venir corriendo a mi cama "Mamá, mamá, ahora si lo vi feliz, ahora sí mamá, pude ver a Dios estaba lleno de Luz y muy hermoso".

Estás palabras de mi madre, me dieron un poco de consuelo ante mi dolor de haber roto esa promesa que le había hecho a Dios, de no olvidarlo. Pero entonces, ¿si cuando era niña y apenas tenía conciencia, no lo había olvidado, entonces ¿qué pasó? ¿Por qué mi vida se convirtió en semejante desastre?

La respuesta a esta pregunta ha sido el viaje más maravilloso, doloroso, intenso, quebrantador, transformador y poderoso que haya experimentado hasta ahora, y el inicio de la respuesta lo encontré en lo que representa el Jardín del Edén.

Durante seis días creó Dios nuestro maravilloso hogar, cuidadosamente pensó y diseñó cada rincón de nuestro universo, para finalmente poner en el jardín del Edén, a la familia que Él había creado. Fuimos creados en Él, y puestos por Él en está dimensión. El hombre tenía una relación maravillosa con el Creador, hablaban y caminaban cada día juntos.

"Y oyeron la voz de Dios, que se paseaba
en el huerto, al aire del día"
Génesis 3:8

Todo lo que necesitábamos para vivir en esta dimensión, nuestro hogar, nuestra morada, estaba en Dios y era Dios.

Pero nuestro Padre, no quería hijos que lo amarán porque Él lo dijera, Él nos dió la libertad de elegirlo, de amarlo, de obedecerlo o no. Él le dio a la pareja primigenia instrucciones claras, y dependía cien por ciento de ellos, así como de nosotros si decidimos estar en Él y quedarnos en Él, o no.

"Y mandó Jehová Dios al hombre
diciendo: De todo árbol del huerto
podrás comer; más del árbol de la
ciencia del bien y del mal no comerás,
porque el día que de él comieres,
ciertamente morirás"
Génesis 2:16-17

"¿Conque Dios os ha dicho: no comáis
de todo árbol del huerto? Y la mujer
respondió a la serpiente: Del fruto de
los árboles del huerto podemos comer;
pero del árbol que está en medio del
huerto dijo Dios: No comeréis de él, ni le
tocareis para que no muráis. Entonces

la serpiente dijo a la mujer: No moriréis; sino que sabe Dios que el día que comáis de él, serán abiertos vuestros ojos, y seréis cómo Dios, sabiendo el bien y el mal. Y vio la mujer que el árbol era bueno para comer, y que era agradable a los ojos, y árbol codiciable para alcanzar sabiduría; y tomó de su fruto, y comió; y dió también a su marido, el cual comió así cómo ella."

Génesis 2:1b-6

La realidad es que el diablo no les mentía cuando les dijo "seréis cómo dios", y es lo que nos sigue diciendo. La pequeña diferencia es que nos convertimos en dioses con "d" minúscula, dioses sin sabiduría, dioses sin Dios.

La desobediencia nos lleva a la separación, a la salida de nuestra morada. Fuimos diseñados para vivir en Dios y con Dios, pero al convertirnos en nuestros propios diosesitos, perdimos el lugar perfecto para habitar.

Así cómo nuestro cuerpo necesita un lugar en donde vivir, nuestra alma y nuestro espíritu también. Si quieres entender cómo fuimos formados y cada una de nuestras partes, te recomiendo el libro "El Espíritu del Hombre" de Ana Méndez Ferrell, donde explica a profundidad cada elemento que nos compone. Sin embargo, con relación a está parte de la tormenta, a continuación explico y parafraseo lo que significa ser tripartita.

Tu y yo somos seres tripartitas, somos conformados maravillosamente por nuestro cuerpo el cual ya conoces, nuestra alma, esa parte de nuestro ser que se encarga de interpretar y decodificar todo lo que piensas, sientes, y todo lo que viene del espíritu; y finalmente nuestro espíritu. Este último salió del corazón de Dios, es nuestra parte eterna y poderosa, que al ser separada de Dios por el pecado, se va durmiendo y el alma toma su lugar. Ésta instintivamente al perder su facultad de interpretar lo que viene del espíritu, se instala cómo el nuevo dios y señor de nuestras vidas, y es ahí donde empiezan los problemas.

Cuando venimos a está dimensión en tanto somos bebés y niños, podemos ver y sentir el mundo espiritual, es algo normal para nosotros, porque acabamos de salir de la dimensión del Espíritu de Dios. Lo más importante es que en esa tierna infancia, antes de empezar a hablar, todo lo que vemos y percibimos del Espíritu no nos es cortado por un "eso no es cierto", "deja de estar inventando cosas", "que imaginación tienes" así que lo vivimos y lo disfrutamos mientras podemos.

Luego, las circunstancias, nuestros padres, la cultura en la que vivimos empieza a limitarnos, a decirnos qué es cierto y qué no, en qué si puedes creer y qué no, qué es real y qué es tu imaginación. Es así que empieza la construcción de nuestro "mundo".

Como dice Emerson Ferrell en su libro generación de resurrección "El mundo no es el planeta tierra, esa es la tierra física, el mundo, es el sistema en el cual vives y óperas."[1]

Si estuviéramos hablando de una computadora, la tierra sería el Hardware y el mundo sería el Software. En otras palabras, el "mundo" es tu sistema operativo.

Durante los primeros seis años de tu vida, ese software va a empezar a llenarse de información, de archivos de todo tipo, con programas tan básicos cómo comer, beber e ir al baño, así cómo cada uno de los traumas que tal vez viviste cómo bebe o cómo niño.

Yo por ejemplo, siempre me consideré extremadamente afortunada, porque aunque el matrimonio de mis padres biológicos sólo duró un par de años, mi hermano y yo crecimos en casa de mis tíos y abuelos paternos, pero sin nunca perder contacto y relación con mi papá y mi mamá.

Éramos una gran familia funcional que operaba completamente de forma disfuncional. O sea, mis papás biológicos seguían siendo mis papás, pero no vivían con nosotros, sólo venían de visita o salíamos a pasear o a vacacionar con ellos. Mis tíos y mis abuelos fungían como papás pero no podíamos decirles papá o mamá, porque teníamos a los que sí lo eran. Total, todos eran y no eran al mismo tiempo, lo cual era clarísimo y al mismo tiempo muy confuso.

Sobre todo cuando tienes seis o siete años y los compañeros del colegio, empiezan a preguntarte ¿pero porqué no vives con tu mamá o tu papá? Y nada de lo que contestes va a hacer el menor sentido, ni para ellos ni para ti.

En nuestra casa si algo sobraba era amor, cada uno de los adultos a nuestro alrededor se desvivieron para que no nos faltara nada, y aunque siempre me contaba el cuento de "todo está perfecto", la realidad es que en el fondo, crecí con terribles traumas de abandono.

Al final de cuentas, aunque tenía una familia feliz que me amaba con todas sus fuerzas, para nosotros en nuestro corazón de niños, nuestros papá y mamá biológicos nos habían abandonado de cierta forma. Esto hizo que desde muy chiquita empecé a llenar mi "software" o mi mundo, de estructuras limitadas, impositivas, de rechazo, de miedo, de fantasía, de escape. Era como si cada una de estas estructuras fuera un ladrillo que yo utilicé para construir la torre desde la cual, gobernaría mi vida.

Es importante entender, que un niño no ve el mundo desde el punto de vista de la razón. No sabe discernir si los porqués de una circunstancia son buenos o malos. La inocencia no entiende que algo está bien o mal. Él niño simplemente ve el mundo desde lo que siente y es desde ahí que va a edificar la torre o estructura donde él se sienta seguro.

Siempre me ha encantado observar a las personas y sus comportamientos, y recurrentemente me pregunto ¿Cómo sería si pudiéramos ver las moradas espirituales que cada uno de nosotros ha construido?, ¿Cómo cambiarían nuestras interacciones?

Estos ladrillos con los que yo estaba construyendo mi morada, también eran influenciados por las moradas de mis padres, de mis tíos, de mis abuelos, de mis maestros, y de todos y cada una de las personas a las que yo les permití por la razón que fuera, darme material de construcción.

Al hablar de lo que a mí me tocó vivir, sólo quiero ponerte un ejemplo gráfico, de cómo vamos construyendo esas moradas.

Entre más pasa el tiempo, y Nuestro Padre me permite ayudar de una o de otra forma a hermanos y hermanas en su caminar, he podido ser testigo de construcciones brutales, llenas de abuso, de violencia, de miedo, de incertidumbre, de ausencia, de violaciones, de prostitución, de hambre, de ego, de vanidad, de silencios, de abandono, de olvido y de ansiedad entre muchas otras.

He visto verdaderas cuevas, incluso con rejas dentro, que los mantienen en una cautividad espantosa, causada por sus circunstancias y el quebrantamiento de sus almas, el cual el enemigo en algunas ocasiones usa para atormentarlos; pero no siempre. La gran mayoría de las veces es en la misma morada donde está el castigo. ¿Y porqué digo esto?

Una gran parte de los sufrimientos que padecemos en el alma, es por lo que nos decimos desde esa torre con la que nos hemos ido protegiendo en contra del mundo aparentemente hostil que nos rodea. Es lo que creímos equivocadamente que éramos, donde nos sentimos menos, donde el mundo entero está en nuestra contra, donde creemos, tal vez que no somos dignos ni del amor de Dios. Donde nosotros mismos pusimos límites y barreras al amor y al poder confiar en los demás.

Con todo, al final no importa qué hayas usado para construir tu morada, o cuales hayan sido las circunstancias de cada elemento, lo importante aquí, es entrar en conciencia de que ese lugar que construiste, no es el lugar que Dios diseñó para tí. Ese es el lugar que tu pequeño diosesito, limitado y asustado se construyó para sobrevivir en esta dimensión.

En otras palabras, esta construcción está hecha por tí y tus circunstancias, y la creaste desde tu limitado ser, por el terror a volver a vivir lo mismo, para hacerte invisible, para protegerte, para elevarte, para demostrar algo, por el miedo a no "ser", para tener un lugar "seguro" en el cual nadie puede dañarte, lo cual es la más grande mentira que existe.

Estas construcciones lo primero que crean es separación e individualidad, pero tú fuiste creado por Dios y saliste de su corazón para vivir en unión con él, no en separación. Eres parte de un cuerpo en el cual unos dependemos de los otros. Más adelante nos adentraremos en el morir al "yo" para vivir en el nosotros.

Mientras vivas tu vida desde esa morada, desde esa construcción, cada paso que des, cada decisión que tomes, la harás desde tu "**estado de consecuencia**".

Todo lo que has vivido hasta el día de hoy va a tener un impacto en tu vida futura. Si hay algo que he aprendido, es que sin importar lo que te haya tocado vivir, una vez que vuelves a la unicidad con Dios, y Él se vuelve tu morada, entonces él empieza a usar todas esas circunstancias para que ayudes a otros; dejan de ser barreras y bloqueos en tu vida, y se vuelven epístolas vivas capaces de sacar de la cautividad a quién vivió lo mismo que tú.

Así que ten paz, hayas llegado como hayas llegado a tu matrimonio, al igual que tu pareja, sepan que esa morada espiritual que ustedes construyeron, si ustedes lo deciden, va a ser destruída, para que puedan empezar a vivir en una morada ilimitada llena del amor de Dios.

Para llegar ahí, tenemos que dejar atrás el estado de consecuencia y empezar a movernos en estado de responsabilidad.

METEOROLOGÍA, TSUNAMIS y BAJAS PRESIONES

A. | METEOROLOGÍA

La meteorología es la ciencia interdisciplinaria que estudia el estado del tiempo, el medio atmosférico, los fenómenos allí producidos y las leyes que lo rigen.

Para nuestra historia y nuestras tormentas, la meteorología fue algo que ni vimos, ni mucho menos, quisimos ver.

A Luis, mi esposo, lo conocí cuando yo tenía catorce años y él veintitrés. En aquel entonces, él se había unido al grupo de Forcados que había fundado mi papá. Para los que desconocen que son los Forcados, pues son un grupo de temerarios que hacen una fila de ocho personas, y detienen a un toro bravo a cuerpo limpio, de frente y sin usar nada más que su cuerpo para lograrlo.

En muy poco tiempo Luis se convirtió en mi amor platónico, ese ser que durante la adolescencia, es todo lo que te encantaría tener y con el que sueñas despierta y dormida, y que sin embargo es totalmente inalcanzable.

Luis siempre fue muy cercano a mi familia, gran amigo de mi papá y de mis hermanos (a parte de mi hermano, tengo dos medios hermanos del segundo matrimonio de mi papá y dos hermanas, hijas de mis tíos con los que crecí; para mi no hay diferencias entre sí son medios hermanos, o hermanas-primas, para mí, soy la grande de seis hermanos).

A parte de ser forcado, Luis era el director de la discoteca de moda a la que todos íbamos y en casa nos daban permiso ya que se quedaban tranquilos que íbamos con "el Pollo", cómo cariñosamente le apodaban por tener el pelo amarillo.

Así que su discoteca se convirtió en el lugar a donde todos mis hermanos iban de fiesta, y a donde yo podía ir a soñar despierta.

Durante veinticuatro años, vivimos lo que yo llamo, "el baile de la descoincidencia". Primero yo era muy niña, y él un imposible, por miles de razones. Luego cuando crecí, él tenía pareja y pronto sería papá. A los pocos años se separó y ahora la que se había casado era yo.

Cuando me divorcié, me enteré que había vuelto con su mujer y ahora esperaba otro hijo. Así que seguí mi camino y me fuí a vivir a California, donde tuve una relación en la que fuí torturada y maltratada psicológicamente, y la cual me alejó de toda mi familia y amigos.

Cuando finalmente logré salir de ahí, después de que aquel hombre me pusiera una pistola en la cabeza. Estaba destrozada, traumada, y con ganas de reinventarme, por lo que me fui a vivir a Cancún, una hermosa ciudad de playa en la Riviera Maya de México. Yo sabía que Luis vivía en Playa del Carmen, la cual estaba muy cerca. Así que le envié un mensaje para avisarle de mi nueva residencia, y que me daría mucho gusto volver a verlo, a lo que respondió: - "¡No me digas eso! Me acabo de venir a vivir a Ciudad de México"

Para este punto yo ya me moría de la risa, estaba claro que no había forma de coincidir con mi amor platónico. Pero un año después, un gran amigo de los dos falleció, y sin planearlo, sin llamadas, ni mensajes, cómo orquestado por el cielo, mi hermana le pidió a Luis que manejara su coche al funeral porque ella no estaba en condiciones de hacerlo, y que de camino pasarían por mí y por otro de mis hermanos al aeropuerto.

Ese día lleno de dolor para todos, estuvimos juntos, acompañándonos y algo se conectó en nosotros. Yo regresé a Cancún, él se quedó en México, pero los mensajes de texto acortaron la distancia y alargaron las conversaciones. A los pocos meses me confesó que yo le gustaba, y yo me quede helada; habían pasado veinticuatro años de haber soñado que me dijera esas palabras, y ese día se hacían reales.

Cuando le respondí que a mí me pasaba lo mismo con él, pero que lo mío no era reciente, me dijo: -"¿Como? ¿Pero porqué nunca me dijiste nada?", a lo que respondí -"Pues porque cada vez que estuve soltera, tú no lo estabas y viceversa, así que no me quedaba más que seguir mi camino".

Fue así como finalmente iniciamos nuestra relación. A los pocos meses Luis, sus dos hijas, el perro y el gato estaban conmigo, viviendo en Cancún.

Desde muy joven Luis había luchado con las adicciones, yo sólo conocía la punta del iceberg. Tampoco fue un tema en el cual nos adentramos. Yo sabía que su vida lo había llevado a excesos y que durante varias etapas había dejado de beber, siendo está última de seis años.

Tras su separación y una etapa de caos total, tocó fondo y decidió dejar de consumir. Este tiempo de sobriedad lo llevó a quedarse a cargo de sus hijas, a quienes cuidaba y criaba de tiempo completo. Era el prototipo del "papá-luchón" que las llevaba todos los días a la escuela y no se perdía ni una obra de teatro, mientras continuaba su trabajo en las noches cómo director de un centro de espectáculos.

Yo me acuerdo haberle preguntado si le importaba que yo bebiera y él no, y me dijo que no, que estaba acostumbrado a estar rodeado de gente que bebía y que no le afectaba. Así que yo no me limité ni en el consumo de alcohol, ni en la cantidad de fiestas y eventos sociales a los que íbamos cada semana.

Hasta que un día, llegó a la casa y había vuelto a beber. Recuerdo perfectamente sus palabras:

-"Ahora si ya conoces todas mis facetas, este es mi verdadero yo".

Yo nunca había lidiado con el alcoholismo, ni tenía idea de sus consecuencias, o qué tan grave era que hubiera vuelto a tomar. Recuerdo perfecto a mi instinto decirme "estas son aguas desconocidas, ten cuidado, no sabes a lo que te enfrentas". Así que lo observé por unos días. No volvió a tomar alcohol por semanas, así que le di carpetazo al instinto y seguimos con nuestra vida.

Al pasar los meses, fuimos a cenar y me dijo "Se me antojó tomar un vino, ¿quieres que pidamos uno?" A lo que yo respondí, -"¿Y esto cómo te afecta? Yo no sé por qué dejaste de tomar tanto tiempo y por qué ahora quieres beber de nuevo. Tú te conoces, yo no, si crees que no te afecta pues vamos a pedirla." A lo que me respondió: - "la última vez que tomé fué esa vez hace un par de meses y no se me había antojado hasta ahorita, así que mientras sea así, no le veo ningún problema."

Esto obviamente no era cierto, esto era UN GRAN PROBLEMA, que él minimizaba para poder consumir, y yo desestimé porque le creía cuando me decía que todo estaba bien.

Aquí era donde había que tener el radar meteorológico atento a cada cambio en el agua, en

CAPÍTULO 2 | METEOROLOGÍA, TSUNAMIS Y BAJAS PRESIONES   39

el viento, en la presión atmosférica, y sin embargo, ni siquiera lo voltee a ver.

Y nos fuimos de fiesta muchas, muchas veces.

B. | EL TSUNAMI

La vida iba mejor que nunca, acabamos de regresar de un viaje en familia donde me había propuesto matrimonio, no podía ser más feliz; y mientras vivía mi sueño hecho realidad, el radar meteorológico continuaba lanzando alertas, que eran ignoradas constantemente. Nuestras fiestas eran cada día mayores, las resacas se curaban con cerveza y comenzó a ser frecuente el "enganchar" la fiesta de un día con la del día siguiente. Para quien no tiene una adicción, esto ya es terrible, pero para quien la tiene, esto es una sentencia de muerte.

Así que no era que la tormenta no haya dado varios avisos en el radar, sino que en mi mundo de fantasía, idealización y mundos perfectos nunca puse atención y mucho menos me preparé.

Yo estaba viviendo el sueño más maravilloso, tenía a mi lado al hombre con el cual había soñado toda mi vida, una casita con una reja blanca, dos hijas y dos perros. Yo no había podido tener hijos, así que cuando llegó el amor de mi vida con una niña de dieciséis y una de diez, era como haber aterrizado en el paraíso, donde todo lo que no había tenido, ahora estaba ahí, una familia como siempre la había soñado.

Pero ignorar el radar, no impidió que llegara la tormenta, así que sin saber ni por donde, se levantó la ola del tsunami que volcaría el barco y con ello toda nuestra existencia. Con un mensaje de texto se abrió la caja de Pandora a todo lo que había oculto sobre su adicción y toda la oscuridad que con ella venían. De ella salieron cuanto demonio, terror, miedo, dolor, pérdida, shock, incertidumbre y todo lo que puedan llegar a imaginarse.

Más adelante, en el capítulo 7, nos adentraremos en todas las señales que mandó el radar y que ignoramos, por ahora les contaré que las mentiras, engaños y droga, eran solo la parte superficial de está ola que había llegado para destruirlo todo.

En un instante todo el castillo de arena se había desvanecido a merced de un tsunami... no había nada que se pudiera hacer.

Incrédula y molida de dolor, lo dejé. Busqué refugio en el hotel en donde trabajaba y me mude ahí. Los siguientes días fueron una pesadilla oscura, llena de dolor y de incredulidad. El dolor era tan profundo que me atravesaba el corazón, se sentía físicamente, penetraba mi alma y hasta lo más profundo de las esferas espirituales.

Cuando hemos perdido a una persona muy amada, cuando nos han traicionado, cuando hemos perdido todo ya sea por adicciones, por malas decisiones o por la razón que sea, el dolor es indescriptible. Es como una avalancha que se conecta con todo el pasado de experiencias desgarradoras que nunca resolvimos en el alma, sino que sólo las sepultamos. Están latentes, ahí dentro de nosotros, vivas, en las oscuras cavernas del corazón esperando como lava ardiente la presión suficiente para hacer erupción.

Por otro lado el espíritu se sacude, toda nuestra alma tiembla, todo nuestro ser empieza a moverse tan lentamente, que nos cuesta trabajo hilar conversaciones, estás en un estado letárgico donde todo parece moverse en cámara lenta, cómo si estuvieras viviendo una película.

Nuestra frecuencia es tan baja que nuestro sistema inmune se cae, y nuestro corazón, tanto el físico cómo el anímico se rompen cómo si fueran atravesados por un cuchillo que podemos sentir físicamente.

Es en ese lugar de abatimiento, donde ya no hay fuerzas para nada, donde podemos vernos a nosotros mismos y así, vulnerables y quebrados es que podemos levantar la mirada al cielo, entendiendo que solo Dios nos puede sacar adelante.

Es ahí, donde teniendo la humildad de mirar hacia dentro, podemos ver esa torre desde la cual operamos y tomamos decisiones para vivir en "estado de consecuencia" hasta que nos determinemos a hacer un alto y cambiar lo que tiene que ser cambiado.

Si pasaste por una situación así en tu vida, sabes de lo que te estoy hablando, si eres tan afortunado como para no haber vivido nada de esto, no dejes de leer, porque el entender el dolor es clave para no construir una torre insensible.

Esta torre que construimos como diosecillos limitados, está formada por cada una de las circunstancias y personas que influenciaron nuestra vida, tanto para bien como para mal.

Habrá muchos ladrillos que fueron edificados en tí de forma positiva y constructiva, habrá muchos otros que obtuvieron su sustancia del dolor, del trauma, de la violencia, o de situaciones que simplemente nadie debería vivir. Todo esto es lo que determina tu forma de pensar acerca de tí mismo y cómo reaccionas ante la vida.

"Porque cuál es su pensamiento en su alma, tal es él.."

Proverbios 23:7

C. | BAJAS PRESIONES

El dolor es un material de construcción muy peligroso, que puede convertirnos en marionetas sin sentimientos, y es importantísimo entender este capítulo para poder entrar en nuestro diseño, y poder surfear las olas del dolor.

El dolor que no hemos resuelto tiene como fruto, la ira, los celos, la inseguridad, la venganza, la amargura, el corazón contencioso, la competencia malsana, el egoísmo, el aislamiento, y muchas cosas más que destruyen cualquier relación ya sea matrimonial, familiar, laboral o amistosa.

Cuando pasamos por una situación de estas, perder a uno de tus padres, a un hijo, una infidelidad, despertar de las adicciones a un mundo destrozado, en fin, hay miles de circunstancias que nos pueden llevar a experimentar un dolor profundo, es como si te avientan de golpe a un mar de tormenta. Las violentas olas azotan una, tras otra, tras otra sobre tí, te ahogan y no te dejan respirar; Intentas agarrar fuerza para tomar un poco de aire y cuando menos lo esperas tienes una ola más fuerte golpeándote una vez más.

Lo primero que quiero que hagas tan tuyo como si fuera carne de tu carne, y lee claramente lo que te estoy escribiendo, es que tienes que saber, que estas olas de dolor y de tormenta, NO SON ETERNAS. Al igual que las olas del mar, poco a poco irán siendo menos fuertes, y más espaciadas. Escríbelo, memorízalo, cómelo, entiéndelo, "las olas van a ser menos fuertes y más espaciadas".

Esto me lo dijo mi mamá cuando mi dolor era tan intenso que pensé que no llegaría al día siguiente "las olas van a ser menos fuertes y más espaciadas". Repítelo hasta que lo hagas tuyo.

Y cuando venga la ola de dolor, sabe que sabe que Jesús está ahí contigo, que lo que estás viviendo es una ola, y que va a pasar. El duelo está diseñado para que nuestra alma se adapte a la nueva vida ahora sin esa persona a la que amas.

Tendrás amigos o familia o alguien que te consuele en esos momentos, o quizá estés totalmente solo, únicamente di en voz alta, "está pegando duro la ola, pero va a pasar, Jesús está aquí conmigo".

"No temas, porque yo estoy contigo;
no desmayes, porque yo soy tu Dios

que te esfuerzo; siempre te ayudaré,
siempre te sustentaré con la diestra de
mi justicia."

Isaías 41:10

Confiesa con tu boca la salida de la tempestad. Jesús dormía tranquilamente en medio de una tormenta que hundía la barca en la que iba. Todos a su alrededor estaban afligidos, viviendo la circunstancia de este mundo, pero Él estaba descansando, se había quedado dormido. En ese descanso, en esa barca Él te está llevando. Recuéstate y reposa junto a Él y en Él.

"Un día, Jesús entró en una barca con sus discípulos, y les dijo:

—Vamos al otro lado del lago.

Partieron, pues, y mientras cruzaban el lago, Jesús se durmió. En esto se desató una fuerte tormenta sobre el lago, y la barca empezó a llenarse de agua y corrían peligro de hundirse.

Entonces fueron a despertar a Jesús, diciéndole: —¡Maestro! ¡Maestro! ¡Nos estamos hundiendo!

Jesús se levantó y dio una orden al viento y a las olas, y todo se calmó y quedó tranquilo. Después dijo a los discípulos:

—¿Qué pasó con su fé?

Pero ellos, asustados y admirados, se preguntaban unos a otros:

—¿Quién será éste, que da órdenes al viento y al agua, y lo obedecen?"

Lucas 8: 22-25

Es ahí, en los momentos de más profundo dolor que debemos cuidar nuestro corazón sobre toda cosa guardada, porque de él mana la vida.

D. | BARCOS ROTOS
Y ENRESINADOS

La siguiente revelación sé que será de gran liberación para muchos de ustedes.

En nuestro cuerpo físico, se conoce médicamente, que un tejido cicatricial se forma cuando se sana una herida después de un corte, una llaga, una quemadura o cuando se hace un corte en la piel durante una cirugía.

Este tejido que conocemos cómo cicatriz es un tejido que es completamente diferente al resto de nuestra piel, es más duro, se ve y siente diferente y en muchos casos pierde la sensibilidad completamente.

A nuestro corazón almático le pasa exactamente lo mismo. Cada vez que pasamos por una situación de dolor profundo, es cómo si lo atravesaran con un cuchillo, y esa herida, cómo todo lo demás, con el tiempo se cura, al menos, eso es lo que te dicen en este mundo, ¡pero eso no es cierto!

El tiempo por sí solo no va a curar tu herida, simplemente la va a cicatrizar, y ese pedazo de tu corazón, que amaba y que se gozaba con ese alguien o algo que perdió, muere cicatrizado.

Cuando tienes una herida abierta por la situación de dolor que estés viviendo, lo más importante es que le entregues tu corazón a Jesús en ese momento. Si este es tu caso, toca tu corazón con tu mano y di: "Señor yo te entrego mi corazón en este momento de dolor, cúbrelo con tu sangre preciosa Señor, y no permitas que se forme ninguna cicatriz, solo tú y nadie más que tú tienen el poder de guardar mi corazón intacto. Guárdalo Señor, en el nombre de Jesús."

En esos momentos de dolor, no hagas pactos con el dolor, "Nunca más me voy a enamorar", "Nunca voy a superar está perdida", "Nunca voy a ser feliz", "Estoy cómo muerto en vida", "Nadie nunca me va a amar", "No soy digno de amor, ni de perdón", etc. Cada uno de estos pactos que hagas con el dolor, harán tu cicatriz más grande y profunda. He visto casos de gente muy querida, que no sienten nada y que viven cómo zombies, porque pactaron su vida y su corazón con el dolor y con la muerte.

Este tipo de material de construcción edifica moradas impenetrables, llenas de tormento, de soledad, de amargura y de egoísmo. Se vuelven verdaderas corazas, porque no sanaron, no trataron con la causa del dolor, no perdonaron, no aceptaron poner paz en lugar de dolor y simplemente se llenaron de cicatrices.

Cuando somos creados, Dios pone en nosotros el libre albedrío, nuestra voluntad. Este es el timón de nuestra vida, una palanca que podemos jalar hacia nosotros, y ser quienes orientemos el rumbo o que podemos empujarla hacia Él, y que sea Él quien la conduzca.

Es en esos momentos de dolor en los que tienes que hacer una pausa, cuando las olas de la tormenta te dan un espacio, y agarrar la palanca de tu voluntad y entregarla al Señor. Moverla hacia Él y que el fluir del Espíritu, el fluir de la verdadera Vida, sea lo que te sostenga, sea tu lugar de reposo y de descanso.

Cuando estés en medio de esa circunstancia terrible, que no entiendes el porqué, como lo puede ser un caso de muerte, no arremetas en contra de Dios, "Dios porque me hiciste eso, yo que soy tan buen hijo, o él que era tan bueno o ella que era tan joven", "yo que te he sido fiel y me pagas con esto", etc.

Cuiden mucho su lengua en el dolor, porque no somos nada para juzgar Su voluntad, ni mucho menos entenderla. La muerte no es que una persona deje está dimensión, la muerte es estar separado de Dios. Así que nunca, por muy profundo que sea tu dolor, dejes de amar a Dios y de honrarlo sobre todas las cosas, para que no entres en separación y termines muerto en vida, vagando por está dimensión, sin Su presencia.

Por otro lado, hay situaciones en que el dolor viene como consecuencia de nuestros actos.

Como la cizaña de semillas que dejamos crecer y que no desarraigamos a tiempo y peor aún, que las sembramos nosotros. Juicios que vinieron sobre nosotros, porque fuimos jueces ejecutores sobre quienes nos dañaron. Como dijo Jesús mismo: "Todo lo que el hombre sembrare, eso también cosechará."

Dice el **Salmo 73: 21** *"Se llenó de amargura mi alma, y en mi corazón sentía punzadas"*

En esos momentos de dolor no te entregues a la amargura, no te conviertas en una víctima de tus circunstancias. Los pozos de amargura no sólo cicatrizan el corazón, sino que lo secan. La raíz de la amargura puede crecer muy sutilmente si no te das cuenta.

En la Biblia hay un personaje que se llama Noemí, podemos leer su historia en el libro de Rut. Ella perdió a su esposo y a sus hijos, y su amargura llegó a tal grado que le pidió a su familia al regresar a Belén que le dijeran Mara.

> *"Y ella les dijo: No me llaméis Noemí, llamadme Mara, porque el trato del Todopoderoso me ha llenado de amargura."*
>
> **Rut 1:20**

La amargura cambia toda nuestra esencia. Hay algo que me llama mucho la atención de Noemi, su amargura llegó a tal punto que ella lo confesó abiertamente: díganme, Mara. Esta palabra en hebreo significa amargo. Después de esta confesión que ocurrió en Belén, es que el amor y la misericordia del Padre Eterno se vuelcan para con ella, y Rut, su nuera, termina por darle un nieto y con esto la alegría de una nueva vida para Noemí.

Confesar nuestro dolor y nuestra amargura, son de los primeros y más importantes pasos para poder sanar un corazón endurecido. Más adelante, y para no perder el hilo de la tormenta, me adentraré en la trayectoria que nos conduce a una sanidad completa.

E. | EL BARCO EN EL ASTILLERO

Hasta este punto quizá lo que he compartido puede ser preventivo, para que te lo aprendas y lo hagas tuyo, para que sepas que hacer en esos momentos de dolor intenso;

Pero ahora necesito hablarte a tí, a tí que tienes el corazón lleno de cicatrices, a tí que no tienes idea ni cómo amar porque te han lastimado tanto que no sabes ni cómo se hace, a tí que te traicionaron cuando tenías toda tu vida llena de sueños y de ilusiones y que ahora andas por la vida cómo un zombi, sin saber ni para que te levantas en la mañana.

A ti necesito decirte que así cómo dice en **Apocalipsis 21:5**

> *"Y el que estaba sentado en el trono dijo: He aquí, yo hago nuevas todas las cosas. Y me dijo: Escribe; porque estas palabras son fieles y verdaderas."*

Así te digo yo hoy, que Jesús te está hablando a tí, porque quiere darte un nuevo corazón, pero tienes que dejar que él haga el trasplante.

La única forma de hacer una cicatriz más pequeña es abrirla de nuevo, así que preséntate con toda la fé. Ven frente a la cruz, toma un cuchillo espiritual y vuelve a abrir esa herida que sellaste con amargura. Vuelve a abrir esa herida que sellaste con pactos de dolor, vuelve a abrir esa herida que sellaste maldiciendo a tu Padre celestial, vuelve a abrirla, deja que salga todo lo podrido que se formó dentro. Jesús estará ahí contigo, en tu arrepentimiento, en tu humildad y sobre todo en tu dolor, cambiando ese pedazo de corazón roto y cicatrizado, por uno nuevo, lleno de alegría y de capacidad de amar .

Haz esto con cada cicatriz que tengas en tu corazón, si tienes que hacer una lista e ir abriendo de una en una, hazlo, pero no dejes que ninguna cicatriz quede cerrada y llena de pus y de muerte.

Al abrir cada cicatriz perdona y suelta, perdona y suelta. Haya pasado lo que haya pasado, hablale a esa persona que te hirió como si la tuvieras delante y dile: "yo te perdono y te suelto y no vives más en mi", "yo te perdono y te suelto". El perdón no es para la persona que te ofendió, que te violó, que te humilló, que te fue infiel, que murió y te dejó solo;

el perdón que les das al soltarlos es libertad y vida para ti.

Te aviso desde ya, que este proceso va a ser doloroso, porque vas a volver a vivir y experimentar ese dolor que tuviste cuando se hizo la herida, pero ahora, ya tienes las herramientas que no tenías cuando esas cicatrices se formaron.

Ese corazón tuyo, que salió del Espíritu de Dios desde antes de la fundación del mundo, se volverá a formar dentro de ti y podrás empezar a sentir de nuevo. Lo más maravilloso es que su primer gran amor será Jesús, y recordarás ese amor y esa unicidad de la cual saliste, y te entregarás como adolescente porque tu corazón será hecho nuevo para gloria de Nuestro Padre.

Gracias Jesús por nuestros corazones nuevos y renovados, gracias Jesús por acostarte a nuestro lado en medio de la tormenta, gracias Jesús por tu amor infinito por el cual derramaste tu sangre para que pudiéramos hacernos uno contigo y con nuestro Padre. Gracias Padre por tu Hijo amado, gracias Espíritu Santo porque nos permites sentirte, experimentarte, y tenerte en nosotros, para derribar cada ladrillo de nuestra morada que no provino de tí, porque a partir de hoy comienzo a edificar mi morada en tí y contigo, para vivir en tu diseño.

Esta parte es de vital importancia para nuestra vida en matrimonio, no podemos construir una vida juntos, con ladrillos del pasado impidiendo el fluir del Espíritu, no podemos amar completamente si aún estamos atados a estos ladrillos del pasado, del dolor y de las circunstancias, no podemos sobrevivir la tormenta si no nos entregamos al reposo en Cristo.

EN PUERTO
SEGURO

Durante el tiempo que estuvimos separados y yo vivía en ese pequeño cuarto de hotel, hubo momentos que cambiaron mi vida para siempre.

Recuerdo que mientras estaba trabajando, estaba distraída, pero cuando llegaban los días de descanso, los infiernos eran insoportables. La ausencia, la soledad, los pensamientos cíclicos y destructivos me llevaron a momentos de mucha, mucha oscuridad. Así que hacía hasta lo imposible por no estar sola y evadir el dolor que estaba sintiendo.

Uno de mis hermanos vivía muy cerca de donde yo estaba, y cada fin de semana iba a verlos y a quedarme con él, mi cuñada y mis dos pequeños sobrinos de uno y tres años. El nivel de amor, comprensión, apoyo y contención que recibí en cada una de esas visitas, me llenaban de vida para sobrevivir la siguiente semana. Siempre estaré eternamente agradecida por ese tiempo juntos.

Recuerdo cómo disfrutaba ver a mi hermano derretirse de amor por sus hijos, "que extraordinario papá es" pensaba yo, mientras lo veía interactuar con ellos. Hubo un día en particular en los que estábamos platicando en la sala y del otro de la habitación mi pequeña sobrina se cayó; más tardó en caer, que lo que a mi hermano a saltar cual Keanu Reeves en Matrix para llegar a donde estaba ella y tomarla en sus brazos. Lo primero que hizo fue ver que no le hubiera pasado nada. Luego la consoló mientras gemía en ese llanto de niña chiquita con la carita llena de lágrimas, las cuales le quitó de una en una, la siguió abrazando, y la sostuvo en un amor que la tranquilizó hasta que estuvo lista para seguir jugando.

En esta dinámica ella sabía que podía jugar y descubrir su pequeño mundo y que la mirada de mi hermano siempre estaría atenta a cualquier cosa, para protegerla y cuidarla si se lastimaba.

Ese día sentí la voz de Dios subir a mi corazón, y me dijo: Así como tu hermano cuida a tu sobrina, así soy yo contigo. Recuerdo haber llorado de emoción al sentir su amor y darme cuenta de que efectivamente siempre que me había dado trastazos en mi vida, el amor de Dios había estado ahí conmigo para sostenerme y levantarme.

Otro de esos momentos, fue una noche en la que llegué a mi cuarto, y me tumbó una de esas olas de dolor que no te dejan ni respirar. Recuerdo haber estado de rodillas en el espacio entre las dos camas matrimoniales que había en el cuarto. Ahí postrada, observaba mi vida, y me veía completamente sola a los cuarenta años, ahora sí que, sin familia, sin casa y sin perro que me ladrara.

Comencé a quejarme de mi dolor, ¿Por qué Señor? ¿Por qué? ¿Por qué mis papás me abandonaron? ¿Por qué mi papá en la tierra no podía ser conmigo como mi hermano con mi sobrina? ¿Por qué estoy viviendo esta separación del hombre que más he amado en mi vida? ¿Por qué soy como material de desecho y cuando estorbo o ya no sirvo me hacen a un lado? ¿Por qué? ¿Por qué? ¿Es que soy tan indigna de ser amada? Todo por lo que había luchado y en lo que había creído o me había ilusionado, era inexistente, y me sentía totalmente derrotada.

En medio de ese dolor y de ese llanto de desesperación, pude sentir a Jesús sentado en mi cama y acariciándome la cabeza, diciéndome: "¿No puedes ver que estoy aquí contigo y te estoy amando?, ¿No puedes ver y sentir que quién se va y se separa de mí eres tú?"

Para quien no ha tenido nunca un encuentro cara a cara con Jesús esto suena a locura total, pero para mí, fue el primero de muchos encuentros, que cambiaron y seguirán transformando el rumbo de mis pasos a donde Él quiera llevarlos. Porque Jesús es real, está vivo y aunque a algunos les cueste creerlo, Él está ahí a su lado esperándolos.

A partir de ese día muchas cosas empezaron a cambiar, la primera fue mi decisión de no separarme de Él nunca más. Decidí que Él, no iba a ser un apoyo para mí solo cuando algo me doliera, decidí que a partir de ese día íbamos a vivir esta vida juntos, lo bueno, lo malo, lo feliz, lo triste, lo maravilloso y lo doloroso lo iba a vivir de la mano de Jesús.

"Fíate de Jehová de todo tu corazón, Y no estribes en tu prudencia. Reconócelo

en todos tus caminos, Y él enderezará tus veredas".

Proverbios 3:5-6

"Pon asimismo tu delicia en Jehová, Y él te dará las peticiones de tu corazón. Encomienda á Jehová tu camino, Y espera en él; y él hará. Y exhibirá tu justicia como la luz, y tus derechos como el medio día."

Salmos 37:4-6

Comencé a visitar una congregación en Cancún llamada Comunidad de Fé, donde encontré una familia en Cristo. Me apunté a un grupo chiquito donde cada miércoles nos reuníamos 6 o 7 mujeres a compartir algún libro que leíamos juntas. Dios proveyó para mí un lugar en donde podía verlo a través de cada una de estas personas.

Comencé a ir a la cárcel de mujeres los sábados, con el grupo de la iglesia que iba a visitarlas y las historias que escuché ahí dentro desgarrarían el corazón más endurecido, y aun así, los corazones de estas mujeres desbordaban amor y fé.

Empecé a tomar responsabilidad de cada una de las decisiones que tomé y que me llevaron al lugar en el que estaba viviendo hoy. Mis ojos empezaron a abrirse y todo lo que antes veía como una victimización o una inflamación de mi ego herido, se comenzó a transformar en responsabilidad, en amor y en perdón. Y a la primera persona que tuve que perdonar fue a mí.

Otra de las piezas fundamentales que necesitaba ser restaurada y hecha nueva era mi "Imagen del Padre". Yo no conocía la paternidad por la forma en la que crecí, yo no tenía idea lo que era tener un papá que me protegiera, me cuidara, que se asegurará que no me faltará nada, que fuera el eje central y tomará responsabilidad para sacarnos adelante. Quién pudo haber tomado esa figura en mi vida era mi tío, pero mi tía y mi abuela ejercían un matriarcado brutal así que, aunque él hubiera querido no lo hubieran dejado, sin embargo al día de hoy sigue siendo una figura paterna donde siempre encontré amor y cariño incondicional. Yo crecí luchando por lo que quería, y sabía que si quería algo tendría que trabajar y luchar por eso porque no tenía un papá que me proveyera de nada.

Así que no entendía lo que era una relación de paternidad. ¿Cómo iba a tener una relación con Padre en el cielo, si no tenía idea lo que era eso? Llegó a mis manos el libro El Corazón Paternal de Dios: Experimente la Profundidad de su Amor escrito por Floyd Mcclung.

Leer este libro, sumergida en el amor de Dios, restauró cada parte de mi como hija, y entonces pude empezar a tener la relación más maravillosa no solamente con mi Padre Celestial, también con mi papá en la tierra, con quien tuve el maravilloso regalo de poder restaurar, amar y disfrutar sus últimos meses de vida en esta dimensión antes de partir con el Señor.

Empecé a darme cuenta de que no tenía que seguir viviendo en la torre de autoprotección que mi limitada mente había formado, ahora era una hija de Dios, mi papá tenía un hogar maravilloso para mí, un hogar ilimitado donde Él era Señor de Señores y Rey de Reyes, un hogar donde yo no necesitaba controlar todo porque Él estaba en control.

Entender la dimensión de los Hijos y movernos en ella, cambia nuestra dinámica en este planeta y la manera en que percibimos todas las cosas. Conlleva también a tomar la responsabilidad de quién eres ahora, y saber que una vez que eres libre de la cárcel que tú mismo creaste, si vuelves a dejar que tu mente y tu miedo te metan ahí, es por voluntad propia, porque tu Padre, ya te sacó.

Es imperativo que sin importar lo que haya sucedido en nuestra relación de pareja, sin importar cuales hayan sido los frentes de la tormenta perfecta, para poder siquiera empezar a pensar en una restauración como pareja, debemos primero tratar con el corazón de cada uno.

Este tiempo que Dios me dio con Él en ese cuartito de hotel y toda la restauración que hizo dentro de mi fueron, sin duda alguna, una base sólida para poder empezar a caminar de nuevo, ahora desde la responsabilidad de cada una de mis acciones, y de todo lo que yo solita hice para llegar a ese punto. Porque, aunque no fui yo quien desató la tormenta perfecta, yo tenía que tomar responsabilidad de lo que yo había aportado a la tormenta y no había sido poco.

EL PASO DEL
TORNADO

Una de las piedras angulares de toda relación de pareja es sin duda la confianza, y eso es algo que quedó totalmente destruído durante nuestra tormenta perfecta.

Cuando se pierde la confianza, no tienes ni la menor idea quien es la persona con la que estás compartiendo tu vida. Todo lo que pensabas que era impensable, resulta que es plausible, y entonces ¿quién es esta persona?, ¿de quién me enamoré?, ¿de qué es capaz?

De un momento a otro te encuentras en medio de una avalancha de pensamientos, entre lo que es real, y aquellos alimentados por el dolor. Las telenovelas mentales son peor que cualquier producción latinoamericana.

La confianza es de esas piezas que entregas al iniciar una relación, pero cuando es destrozada, es de las piezas más complicadas de restaurar. Sin embargo, es posible. El proceso es largo, tedioso, doloroso y conlleva a situaciones que inclusive pueden parecer tóxicas y no sanas, pero lo importante es que no son eternas. Con el tiempo, cuando la confianza vuelve acompañada de una transformación genuina y un profundo perdón, se puede volver a respirar tranquilamente.

Como plato de porcelana china que al romperse es restaurado con oro, cuando seca, puedes volver a servirle sopa, sin miedo a que se rompa o se salga el líquido, porque esta vez, quedó mucho más fuerte que antes.

En nuestra tormenta perfecta la confianza quedó total y absolutamente destruída, como población tras el paso de un tornado, no quedaba nada en pie.

Hubo mentiras acompañadas de "palabra de honor", que no tenían ningún honor, mensajes de texto, de Messenger, WhatsApp, sexting, una total pesadilla de mentiras, enredos y confusión.

He de decir que, si hubiera no visto en él un arrepentimiento genuino, acompañado de un temor a Dios que podía ver y sentir, probablemente no me hubiera planteado la posibilidad de empezar de nuevo.

Yo sabía que él podía fallarme y mentirme, pero no a Dios; y esa fue la roca de la cual me agarré para poder enfrentar la pesadilla de recuperar y restablecer la confianza en nuestra relación.

Así que no, no te imagines que esto es un proceso fácil de ninguna manera, porque no lo es.

Una pieza nueva completamente en mi vida fue la de enfrentarme al mundo de las adicciones, porque, aunque fumé cigarrillos durante 25 años, nunca entré en el terreno de las drogas, y cuando bebía lo hacía socialmente y nunca como una adicción.

De la nada, cuando detonó nuestra tormenta perfecta, aparecieron dos frentes cargados de una fuerza que arrasaba todo a su paso y eran precisamente el de las drogas y el alcohol en el que se había hundido el hombre a quién amaba. Una de las partes que me tocó aprender fue el que una persona adicta, va a hacer y a decir lo que tenga que hacer o decir, para defender y proteger su adicción.

Entonces, para poder restablecer la confianza, primero teníamos que lidiar con el tema de su adicción y luego, un día a la vez, lidiar con lo que tuviéramos que lidiar solo por ese día.

Con las adicciones, vino una parte que yo también desconocía que era la de la codependencia. ¿Y saben qué? Yo estaba completamente infectada de este "virus", y o lidiaba con ella o me terminaría comiendo viva. Esta es una actitud obsesiva y compulsiva hacia el control de otras personas y las relaciones, fruto de la propia inseguridad. En mi caso, el terror que me daba que mi esposo volviera a consumir, me llevó a querer controlarlo todo. En el capítulo 6 ahondaré en el tema a profundidad.

Por otra parte, la desconfianza estaba en su punto más álgido, y se iba alimentado por las mentiras y el continuo decaimiento moral al que conllevan la droga, el alcohol y la codependencia. Si a esto le añadimos la presión social, laboral y económica se vuelve sin duda un tornado categoría cinco.

Pero dentro de toda esta locura, había algo dentro de los dos que nos impulsaba a luchar por lo nuestro, el mirar dentro de nuestros ojos y encontrar lo más profundo de nuestra esencia, en donde nuestro amor seguía vivo y se negaba a morir en la tormenta.

El amor no razona, el amor va a ir mucho más allá de lo que la inteligencia o el razonamiento te puede decir. El amor cumple un propósito y es la fuerza que va a ir en contra de tus argumentos lógicos y la esencia de ese amor nos levantó para luchar juntos.

Los dos estábamos en un barco que se hundía y lo sabíamos, pero cuando decidimos luchar por este amor, los dos nos enfocamos y pusimos todo de nosotros para sacar el agua del barco y llevarlo a aguas de paz para poder empezar a reconstruir.

Sin este compromiso y esta lucha, todo habría sido imposible.

A. | UN BARCO CON FONDO DE CRISTAL

Esta parte fue por mucho la más complicada, la más tóxica y en donde literalmente más de una vez termine vomitando para sacar todo lo podrido y el veneno que tenía adentro y que me comía.

Las mentiras y los mensajes de texto que destrozaron toda la confianza que existía en nuestra relación, eran arsénico puro y un tormento cada vez que él agarraba su teléfono.

Así que, durante un muy buen tiempo, los teléfonos permanecieron desbloqueados y las redes sociales abiertas. Se bloquearon a todas las personas con las que hubo una interacción incorrecta durante la tormenta, y nunca más pudieron volver a entrar.

Recuerdo momentos donde la telenovela latinoamericana aparecía en mi cabeza y cual psicópata le preguntaba "¿Con quién estás texteando?" le agarraba el teléfono y estaba hablando con su hermano o algún amigo…. Y sí, sí me sentí muy extraña conmigo, pero cada vez que le quité el teléfono para ver qué hacía, o con quien hablaba, no hubo una sola vez que me encontrara absolutamente nada.

Con el tiempo eso comenzó a construir de nuevo un puente de confianza. Yo sabía que no quería estar en una relación en la que hubiera que revisar el celular o las redes sociales, pero para nada. Pero durante esos meses mientras la confianza no existía, esa transparencia, ese barco con fondo de cristal, me ayudó a saber que el arrepentimiento sí era genuino y que él también estaba sacando agua del mismo barco que yo.

Cuando tuve esos ataques de miedo, de celos, de inseguridad, que eran como flashbacks al dolor, siempre encontré en él, amor, cariño, comprensión, y una disculpa genuina. Jamás me atacó ni me dijo "eres una tóxica loca ¿qué te pasa?" y siendo sincera, más de una vez durante el proceso de sanar tuve actitudes así, y por las cuales también tuve que disculparme.

Con el tiempo y poco a poco esto desapareció, a la fecha los teléfonos siguen desbloqueados y las redes abiertas, pero a ninguno le interesan.

COMO AGUA DE RÍO

A. | HACIA LA SANIDAD COMPLETA

Una de las decisiones que van a tener que tomar si lo que realmente quieren es restaurar su relación, es la de perdonar y olvidar. Es una decisión que conlleva muchas partes, muchas dimensiones, muchas profundidades y sobre todo que no se da para después quitarse.

Este proceso es diferente para cada uno de nosotros, pero es importante vivirlo, decidan o no seguir juntos, perdonar de verdad es la forma de liberación más maravillosa que conozco.

Perdonar tiene muchas etapas, y es muy importante llegar hasta lo más profundo, donde más te duele. El ego, la soberbia, la falsa "autoprotección" son terribles voces que te van a alejar del perdón verdadero.

En el capítulo dos hablamos de la amargura y el dolor, ahora profundizaremos en cuanto a la amargura y el perdón, que es donde alcanzamos la sanidad integral.

Al principio, el perdón es como impensable, "Yo no puedo perdonar esto", "Yo jamás voy a olvidar esto". Pero no perdonar, nos carcome por dentro, nos llena de enojo, de amargura, de ira, de miedo. Es veneno puro que se come los huesos y nos seca por dentro, produciendo aún enfermedades como el cáncer y otras que acaban por consumirnos. Tarde o temprano el cuerpo refleja la condición del alma.

"Sea quitada de vosotros toda amargura, enojo, ira, gritos,

*maledicencia, así como toda malicia.
Sed más bien amables unos con otros,
misericordiosos, perdonándoos unos
a otros, así como también Dios os
perdonó en Cristo."*
Efesios 4:31-32

*"Buscad la paz con todos y la santidad,
sin la cual nadie verá al Señor"*
Hebreos 12:14

*"El corazón alegre constituye buen
remedio; Mas el espíritu triste seca
los huesos."*
Proverbios 17:22

La amargura no aparece automáticamente, sino
que es una reacción pecaminosa a lo que te haya
pasado. En este caso si no tratas con el perdón de
tu tormenta, más pronto que tarde estarás lidiando
con esta raíz.

No importa el trasfondo de la ofensa. Si no la tratas
y sanas completamente, la amargura es capaz de
llevarte a pozos donde la imaginación y la tortura
te hacen que creer incluso en ofensas que jamás te
hicieron. La amargura es una manera de responder,
que a la larga puede convertirse en tu forma de
vida.

Se vuelve en los lentes a través de los cuales miras y juzgas todo a tu alrededor y como vimos anteriormente, se transforma en los ladrillos y la mezcla con la que edificas tu propio ser. Es una coraza impenetrable que se levanta para impedir la gracia de Dios y el mover de Su mano a tu favor.

> *"Mirad bien de que nadie deje de alcanzar la gracia de Dios; de que ninguna raíz de amargura, brotando, cause dificultades y por ella muchos sean contaminados;"*
>
> **Hebreos 12:15**

Junto con la amargura vienen de la mano la autocompasión, así como la falta de perdón, el rencor, la venganza, el enojo, la envidia, la paranoia entre muchas otras consecuencias.

La amargura es el resultado de sentimientos negativos muy profundos, que fueron echando raíz. No hay nada más poderoso para combatirla, arrancarla desde su fundamento y quemarla, que el amor y el perdón.

B. | ENTRANDO EN EL RÍO DE DIOS

Jesús es el agua de vida, que se hizo hombre para perdonarnos, y que pudiéramos regresar al Padre, a nuestro origen y fin. Si hay alguien que sabe amar y perdonarnos las atrocidades más terribles, sin duda es Él.

El agua tiene un poder que todo lo transforma, corroe el metal más duro, pudre las maderas más fuertes, se abre paso entre la roca para producir en medio de ella vida. Puede llegar a romper muros y presas y su fuerza perseverante nadie la puede detener. Las aguas de Dios, son su infinito amor que todo lo vence.

Las olas de una tormenta de dolor, se van haciendo cada vez menos intensas, porque no tienen la fuerza de la vida, pero las del agua de Dios, cuando entramos en ellas, se van haciendo cada vez más fuertes hasta convertirlo todo en vida, gozo y paz.

Sumergirnos en las aguas de Jesús para tratar con el perdón ha sido clave en la restauración completa de mi vida, así como de nuestro matrimonio. Es ahí donde nos hacemos UNO con Él.

> *"Pero el que se une al Señor, un espíritu es con él."*
> **1 Corintios 6:17**

Tomamos la decisión de luchar por nuestra relación, así que yo sabía que perdonar y olvidar eran clave para que pudiéramos ser restaurados como pareja o nuestras vidas se convertirían en un infierno y simplemente estaríamos alargando el fin de nuestra relación.

Había una parte de mí que quería perdonar, pero había otra que tenía miedo, había otra que estaba enojada, había otra llena de dolor, así que no sabía ni como empezar a perdonar y olvidar.

Tenía claro que, desde mi carne y mi alma, perdonar sería muy complicado. Pero este versículo en la primera carta a los Corintios, me abrió a una posibilidad extraordinaria. Si yo estoy unida al Señor entonces soy un espíritu con Él, y Él es el maestro más extraordinario del perdón y el amor. Aquí estaba la clave más maravillosa.

Así que cada vez que tenía un recuerdo doloroso comencé a declarar: "Señor no sé cómo perdonar, pero tu sí. Señor quiero perdonar, pero no sé cómo, enséñame tú, Señor tú que me perdonaste a mí todas mis barbaridades, enséñame a perdonar como lo hiciste tú conmigo. Muchas veces entré en adoración, entré en reposo y simplemente dejaba que fuera el Espíritu de Cristo, con sus aguas limpiadoras y vivificantes, quién poco a poco inundara de perdón mi espíritu, mi alma y mi cuerpo.

El ponernos en una posición en la que nosotros también somos pecadores, transgresores y que también necesitamos perdón, abre la dimensión del perdón. La posición de "yo soy el santo y tú me hiciste", "yo estoy aquí arriba y soy mejor que tú, porque tú fuiste capaz de ...." Esa posición de superioridad y de ego, jamás nos lleva al perdón y francamente a ningún lado.

Ser conscientes de la misericordia que Dios tuvo con nosotros, abre la dimensión de la misericordia de una forma extraordinaria.

C. | ENTERRADOS EN EL LODO CENAGOSO, EL ESTIÉRCOL, Y LA PODREDUMBRE

Cuando estás en la tormenta, y el dolor se convierte en enojo, en el ámbito espiritual se va formando una especie de capa de lodo y de estiércol que te atrapa en un territorio donde todo huele mal, y este es el lugar de las batallas internas más espantosas.

Este lodo se alimenta de todo lo que dices en tu enojo, es un pozo de desesperación formado de arenas movedizas donde todo lo que sale de tu boca va cargado de ira, y muchas veces ni siquiera sientes lo que dices. Sientes que te ahogas y aunque quieres salir, el lodo te jala y te envuelve. Es el lugar donde humillas a tu pareja y la haces sentir mal, donde te victimizas, donde cada situación que condujo a la tormenta perfecta se intensifica y se pudre.

> *"Y me hizo sacar del pozo de la desesperación, del lodo cenagoso;*
>
> *Puso mis pies sobre la peña, y enderezó mis pasos.*
>
> *Puso luego en mi boca cántico nuevo, alabanza a nuestro Dios."*
>
> **Salmos 40: 2-3**

Dios tiene el poder de sacarnos del lodo cenagoso y poner nuestros pies sobre tierra firme. Una vez ahí, debemos lavarnos de todo el lodo del enojo, la ira. el rencor y el pecado con que nos dejamos ensuciar.

Para esto necesitaremos el agua de vida que es Jesús. El agua en sentido espiritual y físico nos limpia y nos lleva al reposo. El derramar nuestras lágrimas, por ejemplo, es clave para que las emociones no se queden atoradas dentro de nosotros.

Llora todo lo que necesites llorar, y deja que Jesús sea quien te cobije y te guarde. Dale gracias por ese maravilloso diseño del llanto que te limpia desde adentro.

No te estanques ahí. No se trata de volverte el sufrimiento andando, escuchando canciones que te parten el alma, y buscando toda oportunidad para sentir pena por tí mismo. Se trata de que cuando sientes el dolor, lo dejes correr naturalmente, sin alimentarlo, déjalo que salga hasta que lo sientas salir, y luego respira profundo, lávate la cara y dale gracias a Dios.

Te recomiendo hacer un acto físico con impacto espiritual. Abre la regadera, o llena la tina, o metete a un río, lago, mar o la fuente de agua que tengas a tu alcance y mientras te sumerges en esas aguas, clama y declara como todo ese lodo, toda esa ira, toda esa podredumbre son lavados. Pídele a Jehová que ponga en tu boca un cántico nuevo. Pídele perdón a tu pareja por todo lo que dijiste, abrácense y descansen en Cristo.

En esta etapa después de salir limpios y de entrar en la anhelada paz, es importante cerrar la puerta o la cubierta a ese pozo de desesperación y determinarse a que nunca más caerán ahí. Poderoso es Dios para cerrar esos cautiverios. Al principio, es posible que les vengan recuerdos o aún que sucedan situaciones que los invitan a abrir el pozo y echarse de nuevo. Recuerden que la voluntad es la palanca que siempre pueden inclinar a Cristo y no caer otra vez.

Desde luego unos son más fuertes que otros y algunos lograrán la victoria en forma radical y otros aunque no se avienten al lodo, tal vez se ensucien con pensamientos o palabras que venían del tormentoso pasado. Pero tienen que saber, que si su decisión de amarse y de correr a las aguas de Cristo inmediatamente permanece firme, el lodo terminará por hacerse polvo y desaparecer.

En nuestro caso, ya hasta nos reíamos cuando uno le decía al otro, "Por favor otra vez el lodo, no". Cada pareja tendrá su frase con la que el gozo sustituya la opresión.

Perdonar y olvidar, significa que vas a dejar correr el agua, y que cuando miren hacia atrás lo pasado será pasado. Pase lo que pase, jamás guardes un "sartén con lodo". Y lo que quiero decir con esto, es que desgraciadamente he visto muchas parejas que pasan por tormentas y que, aunque dicen haberse perdonado, uno de los dos siempre tiene guardadito su "sartén con lodo".

Ese sartén en el que se guarda el rencor, la manipulación y la victimización y que sigilosamente se pone a hervir a fuego lento esperando la menor queja de la pareja para aventárselo a la cara con el lodo escaldado, para que duela".

Un falso perdón, disfrazado de santidad, no sirve para nada.

Recuerdo un caso de una pareja de amigos de la familia, donde ella tenía un cáncer muy agresivo que constantemente la llevaba a hospitalizaciones y dolores terribles. En una ocasión estábamos platicando y alguien sacó el tema del cáncer y ella sin darse cuenta de que yo estaba escuchando le dijo a su esposo, "bueno tú y yo sabemos que si estoy como estoy es por lo que tu me hiciste". Esta pareja llevaba más de 30 años de "feliz" matrimonio y lo escribo así, porque eso era lo que proyectaban. Pero en el fondo, haya pasado lo que haya pasado, ella jamás lo perdonó, y usó su sartén de lodo cenagoso, de veneno y podredumbre en cada ocasión que pudo, ella se sentó en el trono de la víctima, que la terminó por matar unos años después, y él se sentó en el sillón de la culpa, donde aguantó todo el veneno que ella quiso aventarle por años".

Un matrimonio restaurado en Cristo no guarda sartenes, ni rencores, ni veneno, ni manipulaciones, ni culpa, ni victimizaciones. El pasado es pasado, son aguas que ya no están, ya se las llevó el río, y cuando miran atrás, ven la restauración que Dios hizo en ustedes, la peña en la que puso sus pies y como enderezó sus pasos. Todo absolutamente todo es para darle Gloria a Él, por lo que hizo en ustedes.

D. | ENCONTRARNOS CON EL GOZO

Durante toda tormenta, cuando las olas azotan con fuerza, incluso cuando esta termina y sólo puedes ver los destrozos que quedaron, una de las partes que desaparece es la del gozo.

> *"Puestos los ojos en Jesús, el autor y consumador de la fe, el cual por el gozo puesto delante de él sufrió la cruz, menospreciando el oprobio, y se sentó a la diestra del trono de Dios."*
> **Hebreos 12:2**

Meditar en el gozo, y el poder que tiene este versículo es una explosión de revelación y de poder.

> *"el cual por el gozo puesto delante de él sufrió la cruz, menospreciando el oprobio"* Jesús obtuvo esa fuerza sobrenatural de cargar con todo el pecado del mundo, menospreciando el oprobio que es *"la vergüenza de lo que eso significaba"* a través del gozo puesto delante de Él.

> *"Porque el Señor tu Dios está en medio de ti como guerrero victorioso.*

> *Se deleitará en tí con gozo, te renovará*

con su amor, se alegrará por tí con cantos"

Sofonías 3:17

Ese deleite con gozo que nos renueva con amor y que se alegra con cantos, es una de las claves más poderosas a las cuales podemos acceder en momentos de dolor, y nos dan una fuerza sobrenatural para vencer lo que tengamos que vencer en Cristo Jesús.

En nuestra tormenta perfecta, cuando las aguas se calmaron y vimos todos los destrozos que había, nos encontramos un día para despedirnos. Cuando las aguas no están agitadas y no te estas revolcando en el lodo cenagoso puedes volver a ver a esa persona a la que todavía amas, en paz.

Recuerdo esa tarde como si fuera ayer. Al día siguiente yo salía rumbo a Italia a un viaje que habíamos planeado juntos antes de la tormenta, hablamos, lloramos, nos reímos. No hubo reclamaciones, ni reproches, fue una tarde de recuerdos inmensamente felices y decidimos que, pese a todo el daño, preferíamos quedarnos con los momentos bonitos y en vez de irme sola, nos fuimos en lo que habíamos pensado sería nuestro último viaje juntos.

Acordamos que, en este viaje, no se hablaría de la tormenta, no estábamos intentando reconciliarnos, así que no buscábamos negociar nada o controlar nada. Recorrimos cada rincón de Italia riéndonos y disfrutando el amor sin esperar absolutamente nada. En mi cabeza y en la suya este viaje era un punto final con amor a una historia increíble, algo para guardar en el corazón y seguir adelante sin resentimientos.

Durante el viaje no hubo conversaciones a futuro, vivíamos cada minuto de cada día, en el presente perfecto.

Nos reímos tanto durante ese viaje que nos enamoramos de nuevo, y cuando llegó el último día y la última noche, estábamos en Venecia y le dije: "Nunca había sido tan feliz, no quiero que se termine la nube rosa que estamos viviendo", "Pues no te bajes de la nube".- me dijo, "Si hacemos mañana lo que hicimos hoy, mañana seremos felices también, y lidiamos con las cosas de una en una, pero no te bajes, quédate aquí en la nube rosa conmigo", y me quedé. Después de Jesús, ésta ha sido la decisión más maravillosa que he tomado en mi vida.

Así que ríanse, váyanse juntos de vacaciones, recuerden cada momento bonito que vivieron juntos con alegría, no con nostalgia, ríanse de las tonterías de cada uno. Llenen cada risa, del agradecimiento profundo al Padre, por ese minuto de risas que tienen juntos.

El agradecimiento y el gozo elevan la frecuencia de nuestro espíritu, apagan el alma enaltecida, y nos permiten fluir en amor.

AL
VIENTO

Sólo Jesús es el salvador, tú no eres el salvador ni de tu pareja ni de nadie.

Intentar ser el director de la orquestra, el controlador de vuelos, o el título que quieras darle a quién quiere controlar todo, no solamente es exhaustivo, sino que es, no solo una esclavitud brutal sino un pecado gravísimo contra Cristo.

Al crecer sin esa figura paternal proveedora y protectora, yo me convertí en una auténtica "control freak" o controladora empedernida. Todo tenía que estar organizado de acuerdo con mis expectativas, para que todo saliera, según yo, perfecto. Si a eso le aumentamos un ego inflamado laboralmente, tendrías como resultado una persona nefasta. Yo era la gran directora de hoteles y restaurantes que había llegado sola a la cima, insoportable, mandona y con muy pocos amigos, esa era yo.

Como narré en el capítulo dos, una vez que llegué derrotada a los pies de Cristo, Él empezó a tratar y a transformar cada área de mi vida con mucho amor, pero la prueba que siguió dentro de la restauración de nuestro matrimonio era territorio desconocido para mi.

Nuestra relación estaba en reconstrucción, la confianza poco a poco iba restableciéndose y ahora había que lidiar con los dos monstruos que ya mencioné con anterioridad; la adicción y la codependencia. Aprendí todo lo que pude sobre estos temas, mientras él iba a grupos y buscaba toda la ayuda que necesitaba para salir adelante.

Dentro de mi miedo, mi dolor y mi inseguridad, equivocadamente pensaba que si lograba controlar todas variantes, Luis estaría bien y no caería de nuevo en el consumo, lo cual es, no solo una gran mentira, sino un verdadero infierno. Por otra parte, cuando llegó a tener recaídas, mi codependencia me hacía justificar su comportamiento de adicción, por lo qué la culpa era "del distribuidor de drogas, del amigo fulano, de la situación tal o cual". Siempre intentaba justificar lo que le había pasado al "pobrecito víctima". Todo esto era la codependencia a todo motor.

En el proceso de salir de las prisiones internas que conlleva la adicción y la codependencia, hubo recaídas, clavados al lodo cenagoso, y vueltas a empezar; pero en este nuevo convenio de restauración que habíamos empezado, había algo que no teníamos antes, comunicación abierta.

Su adicción era el fruto de un árbol grande y retorcido, lleno de oscuridad y vacíos y había que llegar a la raíz de todo para poder echar el árbol al fuego.

Dentro de mi ignorancia sobre las adicciones, mi codependencia y lo maníaca que era al querer controlar todo, pasamos por una etapa súper estresante y bastante nefasta.

Si le llamaba y por alguna razón, la que fuera y no me contestaba, inmediatamente mi mente se iba al agujero más oscuro, ¿y si ya está consumiendo? ¿y si se encontró al dealer? ¿y si alguno de sus "amigos" le dio algo?

Si algo se salía de mi control, me volvía loca, porque pensaba que todo iba a volver a destruirse, así que no podía cometer los mismos errores, pensaba yo mientras me ahogaba en angustia.

El tema de "un día a la vez" no lo asimilaba en la estructura mental en la que estaba acostumbrada a operar en todo lo que hacía, yo necesitaba un plan con sub-planes, perfectamente predecible y organizado. La ansiedad del futuro en el miedo del ¿y si consume de nuevo? eran un infierno.

Entonces tuve una experiencia increíble con Dios, un día que se me ocurrió irme a trabajar en patines, aunque de hecho no sabía patinar.

Cuando empecé el trayecto pensé, "ufff son 4.5 kilómetros y ya voy tarde"; y en mi corazón sentí a Dios decirme: "No hay nada que puedas hacer, llegarás a la hora que tengas que llegar, llegarás patinando una zancada a la vez."

"¿Una zancada a la vez? Pero adelante hay subidas, y bajadas, hay partes en donde el pavimento no está liso y me puedo caer, no me quiero caer", pensé.

Y mientras más le daba vueltas en la cabeza a estos detalles, más me desconcentraba, hasta que una mini micro piedrita casi me hace caer.

"Una zancada a la vez" seguía subiendo a mi corazón una y otra vez.

Entonces entendí que sabía que tenía 4.5 kilómetros enfrente y que la única forma de completarlos sin caerme era pensando en el siguiente paso y concentrarme para analizar el terreno, la subida y la bajada SOLO DEL SIGUIENTE PASO.

Cuando ya sólo me faltaba la última subida del puente antes de llegar al trabajo, pase por un charco y las ruedas de los patines se empaparon, y uno de ellos se derrapó. Me di cuenta de que no podía seguir hasta que no se secaran las ruedas, porque se deslizaban lateralmente hacia un lado y otro y no había forma de mantenerme derecha. ¡Así que tuve que hacer una PAUSA!

Me senté en el pasto, esperé, y una vez secas continué patinando hasta llegar al hotel, sana, salva, sin caerme y con una gran lección.

En la vida va a haber muchas subidas, bajadas y puedes preocuparte y sobreanalizar lo que puede pasar en el futuro, pero perderás lo que estás viviendo en el presente.

La vida es la unión de millones de presentes que se juntan de uno en uno, cada uno es el resultado de las acciones y consecuencias que tomaste en el pasado y la única forma de vivirlo es en el hoy.

Hay momentos en el hoy que, aunque quieras dar un paso, el piso estará mojado, las ruedas están mojadas y no hay nada que puedas hacer más que hacer una pausa, cambiar las circunstancias y seguir caminando una zancada a la vez.

Esta experiencia fue detonante para salir de la codependencia y ser un apoyo para mi esposo en su lucha contra las adicciones.

Así que nos tomamos la vida un paso a la vez, una zancada a la vez. Hacemos pausas cuando no sabemos qué hacer, escuchamos al Señor, cambiamos las circunstancias y vivimos en un eterno y maravilloso presente.

Por otra parte, el tema de la adicción y el proceso de mi esposo de salir de ella fue un proceso que Jesús usó para tratar conmigo.

Literalmente, un día escuché la voz del Señor que me decía "¡Ya quítate, porque me estorbas!", lo que me puso a temblar. Yo en mi afán de amar y ayudar, solucionaba todo para que no se generara el estrés que tuviera por consecuencia regresar al consumo y lejos de ayudar sólo estaba estorbando y tomando el lugar de Jesús en la vida de Luis.

Yo viví mi proceso de transformación con el Señor en ese cuartito de hotel, donde Él usó mi soledad, mi dolor, mis defectos, como herramientas para abrir mis ojos y cambiar lo que fuera necesario para darme una nueva vida. Por otra parte, mientras intentaba controlarlo todo, le estaba impidiendo a mi esposo vivir su proceso y me estaba interponiendo entre Jesús y él, así que tuve que pedirles perdón y soltarlo.

Finalmente Luis pudo vivir esa fase de cambio y tener un encuentro maravilloso con la cruz, el amor y el perdón de Jesús. Fue entonces cuando se acabaron las recaídas. Cuando eso sucedió, yo decidí por amor, que no iba a beber más alcohol. Este era un barco en el que estábamos juntos y ha sido de las decisiones más hermosas que he tenido que tomar y no me costó ningún trabajo.

Para mí, salir de la codependencia fue un trato largo y complicado. Por un lado me llevó a profundas etapas de arrepentimiento y a la completa rendición a Dios. Por otro lado, tuve que lidiar con mis inseguridades a las que protegía entronizando mi ego y a este hubo que ponerlo bajo mis pies.

Si tienes un problema de codependencia, hay muchos grupos de apoyo que pueden ayudarte a salir adelante. Mientras más rápido entiendas que si intentas controlar todo y que justificar a tu ser amado tenga el problema que tenga, sólo lo destruye y lo hunde más, más rápido podrás convertirte en un instrumento que Dios use, en vez de ser un estorbo. Si, cómo lo oyes, la codependencia estorba a la recuperación, no sólo de los adictos, también la de los iracundos, de los flojos, de los violentos, de los infieles, de los mentirosos, de los depresivos, y añade a la lista la problemática que tenga tu pareja.

Nos hemos encontrado al ministrar muchas parejas, que el "factor diablo" es uno de los obstáculos más grandes para la restauración matrimonial. ¿Qué quiero decir con "factor diablo"? Este es el caso en que la persona con el problema rehúsa tomar responsabilidad de sus actos y toda la culpa la tiene el diablo y su excusa favorita es que no hay ministro de Dios en la tierra que lo pueda ayudar.

En casos como este recurren a cuanto ministerio de liberación les pasa por la cabeza, y el problema grave aquí es que la Iglesia en muchos casos no lleva a la persona a tomar responsabilidad, sino que le diagnostican todos los demonios habidos y por haber y "de Alto Rango".

Aquí es cuando la codependencia del uno abriga y justifica este diagnóstico del cual nunca pueden salir a libertad e inevitablemente terminarán destruídos.

La mayoría de los casos se pueden solucionar con las herramientas que les comparto en este libro. Jesús es real, y donde hay genuino arrepentimiento, y un verdadero crucificar nuestros deseos, hábitos y pecados, ahí entra Jesús, el Padre y el Espíritu Santo con toda su potencia a restaurar. Donde brilla la luz del Altísimo en un corazón contrito y humillado, no hay oscuridad, ni demonio, ni poder alguno que pueda prevalecer. Tomar responsabilidad por lo que hemos hecho con nuestras vidas es una constante en este libro que enfatizo sin cansancio.

Las medias conversiones, el Dios aspirina y el jugar a un cristianismo diluido, jamás los llevará a la victoria que anhelan.

EL HURACAN "YO"

A. | LA RUTA

Cada matrimonio es un mundo, cada pareja es diferente, con dinámicas diferentes, no es una maquinaria que sistemáticamente se pueda replicar de tal forma que lo que le funciona a uno le funcione a los demás. Sin embargo, hay áreas en nuestras almas, que una vez resueltas podemos dejar atrás para tener una relación más saludable, llena de amor, de vida y dentro del diseño en qué fuimos creados y así disfrutar la bendición de ser pareja.

Vivimos en una sociedad donde el enaltecimiento del individualismo es alabado y fomentado. No estoy diciendo que esté mal que cada uno tenga metas o sueños que quiera cumplir, a lo que quiero llegar es que cuando decidimos compartir nuestra vida con alguien más, ese "yo quiero" debe evolucionar hacia un "nosotros queremos".

Ese "nosotros", puede estar lleno de sueños individuales pero que se comparten y se apoyan por la pareja. Si tomamos por ejemplo un barco, y cada uno pone los ojos en destinos diferentes, ninguno de los dos va a llegar a su destino, al menos no de la manera en que lo habían planeado.

Cuando cada uno empieza a remar para su lado, el barco deja de avanzar, y entonces cada uno aplica más fuerza para controlar la dirección y así empiezan las discusiones, o los silencios y, o los dos se cansan y ninguno de los dos llega, o uno termina por dejar de remar por agotamiento, deja de luchar, se enoja y se frustra, mientras que el otro sigue remando para llegar a su destino.

En esta situación el "yo quiero" de cada uno se interpuso en el camino del otro, y lejos de ser un equipo, en donde encuentren amor, apoyo y fortaleza, se encuentran solos, luchando contra una fuerza que los jala hacia otro lado llenándose de frustración. Hayas sido el que llegó al destino deseado o no, llegaste agotado y sin ganas de compartirlo con tu pareja.

Frases como "yo solo, hubiera llegado mucho antes", empiezan a enaltecer el "yo" y a separarte del "nosotros".

Continuando con el ejemplo del barco, imagínate el matrimonio como un viaje alrededor del mundo, donde la tripulación es únicamente tu pareja y tú.

Los sueños de cada uno y los que tienen en común son puntos en el mapa por los que hay que pasar. Es decir, trazar el rumbo. Para esto lo primero que deben tener es una clara comunicación de:

- Destinos del Espíritu (lo que Dios les ha puesto en el corazón)

- Destinos en común (comprar casa, viajes, empresas, etc)

- Destinos personales (laborales, de estudio, sociales)

- Incrementos en la tripulación (hijos, padres)

Quizás durante los primeros años te des cuenta, de que no será tan fácil llegar a los destinos esperados en el tiempo que lo habían planeado, o que quizá lleguen antes. Tal vez se encuentren con una tormenta en el camino y tengan que hacer una pausa y replantear el siguiente destino.

Por ejemplo, en nuestro caso, nos dimos cuenta que el barco no se movía porque estaba muy cargado. Los pagos de todo lo que "según nosotros" necesitábamos, nos comenzaron a ahorcar, el barco llevaba más carga de lo que podía mover, así que hubo que replantear, qué era necesario y qué no, hasta quedar ligeritos de nuevo para seguir navegando.

Cada vez que haya que replantear una situación, un cambio de rumbo o una bajada de mercancías, lo más importante es que la tripulación del barco, o sea ustedes dos, pongan primero el "nosotros" por delante. ¿Qué es lo mejor para nuestro barco? Plantear todos los panoramas, ver las situaciones desde todas las perspectivas y ponerse en el lugar del otro.

En el momento en que, durante la travesía, uno de los dos empiece con el "pero yo quiero esto" sin importar que ese "yo" destruya el "nosotros", es cuando poco a poco, cada uno empieza a remar para su lado y muchas veces uno de los dos termina por sacar el bote salvavidas, bajarse del barco y el otro ni se enteró.

Esto sucede cuando los sueños y los planes de vida, perdieron la comunicación con el otro. Las metas comienzan a ser muy diferentes y el acuerdo mutuo dejó de existir. Llega el momento en que ya ni siquiera quieres compartir el barco y la vida con esa persona que tanto amabas. Se convierten en personas diferentes, con sueños diferentes.

Así que, hablar hasta llegar a un acuerdo, las pausas antes de las grandes decisiones y los ajustes en la ruta, deben ser algo que se convierta en parte de sus vidas.

Es importante entender que ambos pueden tener vocaciones o metas diferentes, pero lo importante aquí es que cada uno apoye al otro en sus anhelos y que ninguno de estos implique la destrucción del "nosotros". Habrá casos en que uno de los dos tenga que sacrificar sus propios deseos por el bien de la pareja o de los hijos. Pero este paso debe darse por amor, en la fuerza de Cristo y entendiendo el diseño ulterior.

Jesús entregó todos sus anhelos personales como persona y como hombre, para cumplir el diseño de llevarnos a la salvación y a la gloria.

Nadie tiene mayor amor que este, que uno ponga su vida por sus amigos.

Juan 15:13

En este caso, no hay mayor amor que el poner nuestra vida por nuestra pareja y nuestros hijos.

Nosotros por ejemplo hacemos muchos "Cross check", qué es lo que hacen los tripulantes de vuelo antes de que el avión despegue, y una vez que ya está todo chequeado y verificado, entonces avisan al capitán para que despegue. Nosotros hacemos lo mismo. Preguntas tan simples como: ¿Eres feliz?, ¿Te hace falta algo?, ¿Puedo hacer algo para ayudarte?, son tan básicas como indispensables, para que cualquier ruta esté preparada para el viaje. Muchas veces el hacerlas a tiempo y el contestarlas sinceramente, nos lleva a darnos cuenta de que lo que es obvio para uno, quizá no lo sea para el otro, y haya que hacer ajustes JUNTOS, para el bien del NOSOTROS.

Durante su viaje van a tener miles de ajustes y paradas no planeadas, está bien, es parte de la vida.

Ahora viene la parte eterna del "nosotros" y donde el "yo" simplemente no cabe.

B. | LA RUTA INVISIBLE

El Reino de Dios se encuentra cuando dejamos de aferrarnos y afanarnos por lo visible y lo circunstancial. Nuestras victorias personales, así como las de nuestros matrimonios, consisten en saber que todo lo visible está sujeto al Reino invisible de Dios y responde a la sustancia de la fe.

> *"De modo que lo que se ve fue hecho de lo que no se veía"*
> **Hebreos 11:3**

> *Por tanto, no desmayamos; antes aunque este nuestro hombre exterior se va desgastando, el interior no obstante se renueva de día en día. Porque esta leve tribulación momentánea produce en nosotros un cada vez más excelente y eterno peso de gloria; no mirando nosotros las cosas que se ven, sino las que no se ven; pues las cosas que se ven son temporales, pero las que no se ven son eternas.*
> **2 Corintios 4:16-18**

Un barco que vive en las aguas de Jesús, es el que lo tiene por cabeza y Capitán, donde el amor y el temor a Dios son los que reinan cada día; este entrará en el diseño perfecto de fundirse en uno solo como lo era cuando la primera pareja fue creada.

> *"Entonces Jehová Dios formó al hombre del polvo de la tierra, y sopló en su nariz aliento de vida, y fue el hombre un ser viviente. Y Jehová Dios plantó un huerto en Edén, al oriente; y puso allí al hombre que había formado."*
> **Génesis 2:7-8**

Cómo puedes ver, en un principio hombre y mujer estaban contenidos en un solo ser, Adán.

> *"Y dijo Jehová Dios: No es bueno que el hombre esté solo; le haré ayuda idónea para él. Jehová Dios formó, pues, de la tierra toda bestia del campo, y toda ave de los cielos, y las trajo a Adán para que viese cómo las había de llamar; y todo lo que Adán llamó a los animales vivientes, ese es su nombre.*
>
> *Y puso Adán nombre a toda bestia y ave de los cielos y a todo ganado del campo; más para Adán no se halló ayuda idónea para él. Entonces Jehová Dios hizo caer sueño profundo sobre Adán, y mientras este dormía, tomó una de sus costillas, y cerró la carne en su lugar.*

Y de la costilla que Jehová Dios tomó del hombre, hizo una mujer, y la trajo al hombre. Dijo entonces Adán: Esto es ahora hueso de mis huesos y carne de mi carne; ésta será llamada Varona, porque del varón fue tomada. Por tanto, dejará el hombre a su padre y a su madre, y se unirá a su mujer, y serán una sola carne."

Génesis 2:18-24

En el principio, cuando Dios nos creó, Varón y Varona éramos **un solo ser viviente.** Cuando Dios nos trajo a los animales para que los nombráramos éramos **uno solo.** Todo lo que fue trasladado de lo que no se veía, fue traído cuando éramos **uno solo.** El "nosotros" era una unidad eterna y con el poder de activar todo lo creado en El Jardín. Teníamos el poder de traer las cosas de lo invisible a lo visible, y gracias a que en Jesús ya fueron reunidas todas las cosas, ese poder está activo nuevamente."

*"(El Dios y Padre) ...que hizo sobreabundar para con nosotros en toda sabiduría e inteligencia, dándonos a conocer el misterio de su voluntad, según su beneplácito, el cual se había propuesto en sí mismo, **de reunir todas las cosas en Cristo,** en la dispensación del cumplimiento de los tiempos,*

así las que están en los cielos, como las
que están en la tierra."

Efesios 1: 8-10

Esa ayuda idónea, esa tripulación perfecta para navegar el barco de Adán, salió de dentro de esa unicidad que lo conformaba. Entonces físicamente se hicieron dos, pero ella seguía siendo "hueso de sus huesos y carne de su carne".

Esa unidad es en la que nos convertimos de nuevo cuando contraemos matrimonio y los dos volvemos a hacernos uno en Cristo y con Cristo. Si te das cuenta, el diseño es exactamente el mismo que en El Jardín, dos que son uno, viviendo y moviéndose en Dios.

"Y si alguno prevaleciere contra uno,
dos le resistirán; y cordón de tres
dobleces no se rompe pronto"

Eclesiastés 4:14

Este quizá sea de los versículos más utilizados en las ceremonias matrimoniales y probablemente el menos entendido de ellos.

Durante este viaje eterno y maravilloso del matrimonio va a haber momentos donde uno de los dos no esté bien, por la razón que sea. Entonces probablemente venga a sus mentes la imagen de una pareja, donde el fuerte carga al débil y herido, tratando de salvarlo de caer al precipicio.

Ahora déjame cambiarte esa imagen. El que está débil y herido, no es cargado solo por la pareja, es cargado por la pareja y por Cristo el cuál no sólo lleva en sus brazos al débil, sino que al mismo tiempo le añade fortaleza al otro para que no se canse y desfallezca también.

Vamos a poner otro ejemplo. Uno de los dos está enojado y ensimismado y no entra en razón. La pareja, siempre cuenta con Cristo para que trate con el corazón del otro y éste llegue al razonamiento correcto. Siempre son dos fortaleciendo la unión y al que esté flaqueando.

"Jesús ha dicho: haceros transeúntes"
Evangelio de Tomás versículo 42

Uso este pasaje del evangelio apócrifo de Tomás porque no sólo apoya el pensamiento de Dios en la Palabra, sino que nos da gran luz en cuanto a nuestro caminar por este mundo.

Tener a Cristo como centro de nuestra unidad, vivir en ese "nosotros" es el diseño en el que fuimos creados, y tiene un poder inimaginable. Así que en esa unidad conviértanse en transeúntes, como lo fueron los grandes héroes de la fé que transitaron por este mundo como extranjeros y peregrinos.

Viajen ligeros y atentos, estén preparados para todo lo maravilloso que Nuestro Padre preparó para ustedes desde antes de la fundación del mundo, y si ya son de los afortunados que recordaron su origen, se darán cuenta de que esa unidad salió del mismo corazón de Dios.

Hacernos transeúntes es enfocarnos en las cosas del cielo, sin apegos a las cosas físicas y de esta dimensión, pues no podríamos serlo cargando todo lo material.

Hacernos transeúntes es caminar en Cristo y con Cristo.

> *Si, pues, habéis resucitado con Cristo, buscad las cosas de arriba, donde está Cristo sentado a la diestra de Dios. Poned la mira en las cosas de arriba, no en las de la tierra. Porque habéis muerto, y vuestra vida está escondida con Cristo en Dios.*
>
> **Colosenses 3:1-3**

Muchos otros se casan porque están enamorados de lo que sienten al estar con su pareja, pero nunca se unen en matrimonio con la persona, y cuando dejan de sentir esa euforia primera, se dan cuenta que no saben ni con quién están casados. Cuando despiertan de esa mentira ilusoria empiezan los "Es que ya no siento nada cuando estoy contigo". Se casaron con un sentimiento y no con su esposa/o.

Otros, se casan para poder tener relaciones sexuales, para obtener un estatus social, por conveniencia, o porque simplemente es lo que se espera de ellos, pero en el fondo simplemente firman un acuerdo legal, y nunca buscan fundirse en una sola carne.

Viven en un "yo" eterno que termina por dejarlos completamente solos. Ese "yo" que invariablemente buscará controlar al otro, tener la razón, y que se haga su voluntad.

Fundirnos con Dios en una unidad, donde Cristo es nuestra cabeza, cambia completamente la dinámica de la pareja.

Las decisiones no se toman individualmente, cuando hay planes o decisiones que tomar, se traen sobre la mesa y se sopesan con amor. Se ora, se escucha el punto de vista de la otra persona, y se respeta lo que decidan.

Y va a haber decisiones en las que no estén de acuerdo, nosotros más de una vez hemos tenido que decir "No estoy de acuerdo con esta decisión, pero si tú crees que es lo mejor para nuestra familia, cuentas conmigo", y muchas veces han salido bien las cosas, otras no tanto. Simplemente el hecho de saber que pase lo que pase seguimos siendo uno, nos da la fuerza y la paz de saber que aunque la elección haya sido la equivocada, probablemente terminemos riéndonos en un "te lo dije", pero no sarcástico, no con ira, ni con enojo. En su mayoría han sido seguidas de un ataque de risa, porque cuando todo sale mal, lo mejor es reírnos, abrazarnos y levantarnos uno al otro.

C. | EL ORDEN DE A BORDO

Ahora, vamos a entender una parte crucial de esta unidad.

> *"Pero quiero que sepáis que Cristo es la cabeza de todo varón, y el varón es la cabeza de la mujer, y Dios la cabeza de Cristo."*
>
> **1 Corintios 11:3**

Esto no significa que la mujer deba estar como tapete del hombre y que éste, como es la "cabeza" entonces tenga una connotación machista, dominante y negativa. Después de todo, en el mismo versículo vemos que Dios es la cabeza de Cristo. Así que no podemos pensar que este sea un versículo machista o de control, porque no lo es.

Aquí no se está hablando de jerarquías de superioridad, sino del orden dentro de la UNICIDAD. Si volvemos al Génesis, antes de la caída, los dos Varón y Varona eran iguales. Cuando Dios sacó del Varón a la Varona, nunca quiso que fuera superior o inferior al hombre, sino que en todo fuese su igual, pues estaban hechos de lo mismo. Dios no usó tierra de menor calidad para crear a la mujer, ella salió de lo ya creado, del mismo material, pues eran uno mismo. El dominio y gobierno de la tierra estaba sobre ambos.

> *Y los bendijo Dios, y les dijo: Fructificad y multiplicaos; llenad la tierra, y sojuzgadla, y señoread en los peces del mar, en las aves de los cielos, y en todas las bestias que se mueven sobre la tierra.*
>
> **Génesis 1:28**

Ahora bien, en Génesis 3 cuando el hombre cae en pecado, es cuando aparece por primera vez el enseñoramiento, como parte de la maldición. Si nunca hubieran caído, habrían prevalecido en ese estado de paz, armonía e igualdad, lo cual es el diseño de Dios. El pecado trajo con él discordia, control, y un gobierno que subyuga a la mujer.

> *"Luego le dijo a la mujer: «Haré más agudo el dolor de tu embarazo, y con*

dolor darás a luz. Y desearás controlar
a tu marido, pero él gobernará sobre ti"
Génesis 3:16, NTV

El pecado trajo en él mismo toda esta separación, todo este dolor, y todo este contra diseño. Esto fue una consecuencia de la caída.

La gran bendición es que con el sacrificio de Cristo y un matrimonio en esa unicidad perfecta, volvemos al diseño original con una variante extraordinaria: La Resurrección de Cristo trajo con ella esta dimensión que nos llevaría de nuevo al origen "la cabeza que es Cristo".

> *"... sino que siguiendo la verdad en amor, crezcamos en todo en aquel que es la cabeza, esto es, Cristo, de quien todo el cuerpo, bien concertado y unido entre sí por todas las coyunturas que se ayudan mutuamente, según la actividad propia de cada miembro, recibe su crecimiento para ir edificándose en amor"*
> **Efesios 4:15–16**

En este versículo la imagen de Cristo como cabeza de su cuerpo, la Iglesia, define la función de la cabeza como fuente de la vida y del crecimiento del cuerpo: *"Crezcamos en todo en aquel que es la cabeza, esto es, Cristo, de quien todo el cuerpo ...*

recibe el crecimiento para ir edificándose en amor, tal como sucede en el matrimonio."

> *"Pero quiero que sepáis que Cristo es la cabeza de todo varón, y el varón es la cabeza de la mujer, y Dios la cabeza de Cristo."*
>
> **1 Corintios 11:3**

La palabra griega para cabeza utilizada en este versículo es "kefalé", y su significado no tiene una connotación ni de mando, ni de conocimiento superior, sino que "kefalé" es utilizada generalmente como una metáfora que señala el origen o el principio de algo. No hay ninguna evidencia en la literatura griega en donde kefalé signifique autoridad o jefe.

> *"Respondió entonces Jesús, les dijo: De cierto, de cierto os digo: No puede el Hijo hacer nada por sí mismo, sino lo que ve hacer al Padre; porque todo lo que el Padre hace, también lo hace el Hijo igualmente. Porque el Padre ama al Hijo, y le muestra todas las cosas que él hace; y mayores obras que estas le mostrará, de modo que vosotros os maravilleis. Porque como el Padre levanta a los muertos, y les da vida, así también el Hijo a los que quiere da*

vida. Porque el Padre a nadie juzga, sino que todo el juicio dio al Hijo, para que todos honren al Hijo como honran al Padre. El que no honra al Hijo, no honra al Padre que le envió."

Juan 5:19-23

Esta relación de unicidad, de amor perfecto, en la que no hacemos nada sin que el otro sea parte de, en la que nos sujetamos en amor y en honor, nos lleva a un matrimonio de Reino, de unión perfecta, de expansión, de Génesis. Porque fuimos creados eternos, creativos, siendo UNO en Dios, fuimos creados iguales y sólo así en esa igualdad es que podemos volver al origen.

Hay tantos versículos en la Biblia, en donde podemos ver el diseño perfecto de unidad en el que fuimos creados y el maravilloso poder de Reino que llevan en sí mismos.

A. | SER UNO

"El marido es cabeza de la mujer, así como Cristo es cabeza de la iglesia"

Efesios 5:23

Esta es una instrucción para los maridos sobre lo que significa ser cabeza de la manera que lo es Cristo. Él es UNO con su Iglesia, y la amó tanto que se entregó por ella. Ser "kefalé" o cabeza es darnos en amor y servicio dentro de una relación de sumisión mutua.

Leamos esto en el contexto propio de la palabra "Kefalé"

"El marido es el origen y principio de la mujer, así como Cristo es el origen y principio de la iglesia".

B. | AMOR

"Así también los maridos deben amar a sus mujeres como a sus mismos cuerpos. El que ama a su mujer, a sí mismo se ama."

Efesios 5:28

C. | ENTREGA

"Maridos, amad a vuestras mujeres, así como Cristo amó a la iglesia, y se entregó a sí mismo por ella"

Efesios 5:25

D. | AGRADAR UNO AL OTRO

"pero el casado tiene cuidado de las cosas del mundo, de cómo agradar a su mujer"

"para ser santa así en cuerpo como en espíritu; pero la casada tiene cuidado de las cosas del mundo, de cómo agradar a su marido."

1 Corintios 7:33 y 34b

E. | SUSTENTO

"porque si alguno no provee para los suyos, y mayormente para los de su casa, ha negado la fe, y es peor que un incrédulo."

1 Timoteo 5:8

F. | FIDELIDAD

"pero a causa de las fornicaciones, cada uno tenga su propia mujer, y cada una tenga su propio marido."

1 Corintios 7:2

G. | HONOR

"Vosotros, maridos, igualmente, vivid con ellas sabiamente, dando honor a la mujer como a vaso más frágil, y como a coherederas de la gracia de la vida, para que vuestras oraciones no tengan estorbo."

1 Pedro 3:7

H. | CUIDADO

"Porque nadie aborreció jamás a su propia carne, sino que la sustenta y la cuida, como también Cristo a la iglesia"

Efesios 5:29

I. | INTIMIDAD

"El marido cumpla con la mujer el deber conyugal, y asimismo la mujer con el marido."

1 Corintios 7:3

J. | NO SER ÁSPEROS

"Maridos, amad a vuestras mujeres, y no seáis ásperos con ellas."

1 Colosenses 3:19

K. | IGUALDAD

"Ya no hay judío ni griego; no hay esclavo ni libre; no hay varón ni mujer; porque todos vosotros sois uno en Cristo Jesús."

Gálatas 3:28

L. | SUMISIÓN

Someteos unos a otros en el temor de Dios. Las casadas estén sujetas a sus propios maridos, como al Señor;

Efesios 5:21 y 22

M. | RESPETO

Por lo demás, cada uno de vosotros ame también a su mujer como a sí mismo; y la mujer respete a su marido.

Efesios 5:33

La sujeción es la reacción natural fruto de un amor profundo y de una confianza sin miramientos. Cristo es el ejemplo claro de la sumisión. El tiene sus ojos en el Padre, que sabe que lo ama incondicionalmente y que cada instrucción que le da viene embalsamada de la fragancia de ese amor.

Donde no hay un amor genuino, hay autoritarismo y la sujeción es muy dolorosa y acaba por hacer mucho daño.

La naturaleza de la mujer es el amar aún con sacrificio. Cuando ama, lo da todo, lo cree todo, sujetarse a aquel de quien se siente amada es un deleite, porque se siente protegida.

Esto es muy importante entenderlo. La mujer fue creada con un instinto de proteger su seguridad, lo cual es vital para criar hijos como osa con sus crías. La mujer tiene en su instinto primordial un radar contra el peligro. Hará lo que sea por proteger lo que ama contra cualquier acechanza. Es el famoso sexto sentido que dicen que tiene. Ella ve venir la mujer perversa que quiere rodear a su marido y atraparlo, y mientras el marido no se ha dado por enterado, ella ya escaneó a la mujer y todo su plan.

Cuando la mujer no se siente segura, por causa de un marido que no sabe protegerla a ella o a su familia, va a tomar la protección de la familia en sus manos. Esto es un instinto, no una rebeldía. Aquí es cuando el marido tiene que entender su rol en el círculo familiar, para que todo esté dentro de la armonía familiar.

Aclaro esto, porque vemos con la liberación de la mujer en la sociedad que muchos maridos se recuestan pasivamente, soltando su responsabilidad primordial de proteger y salvaguardar el bienestar y la seguridad de la familia en todos sentidos.

El respeto mutuo, es primordial también entenderlo, porque cuando se rompe esta barrera, dando lugar a palabras insultantes y humillantes, estamos quebrando una estructura divina que sustenta grandemente la unidad matrimonial.

Por otra parte, el hombre necesita "sentirse hombre", la restauración de la hombría, en el sentido de sentirse respetados cómo cabeza de la familia, es muy importante. No solamente el dar el lugar a la mujer es importante. Debemos analizar si verdaderamente estamos haciendo esto en respeto, en amor y compresión.

Ser uno en Cristo, dejándolo a Él ser la cabeza y sujetarnos en amor unos a otros, es un regalo que nos dio la Resurrección y en ningún caso significa dar órdenes, o imponer la voluntad de uno sobre el otro. Mucho menos significa tener al otro sobre autoridad absoluta o imponer mandatos como si en vez de ser esposos fuesen hijos uno del otro.

Estos casos son extremadamente tóxicos y vienen de un vacío de padre o de madre que la gente trata de llenar con su pareja. Hombres que literalmente se casan y tratan a su esposa como si fuera su madre, adoptando una posición de eternos niños que tienen que ser regañados o consolados como pequeñitos. O el caso contrario, mujeres que se casan buscando en el marido a su padre, asumiendo las actitudes de una pequeña con su papá que todo le consiente y que puede tratarla como se trata a una hija pequeña.

En ambos casos el rol de marido y de esposa son inexistentes y son matrimonios que no se pueden ayudar mutuamente como implica el diseño original de Dios.

Volviendo al tema de la mujer, esta en ningún caso debe ser considerada inferior, como muchas veces se enseña en cosmovisiones caídas y llenas de pecado. La mujer fue creada del hombre, en igualdad. Éramos UNO y volvemos a ser UNO.

Va a haber situaciones en las que no se van a poner de acuerdo, en este caso, lo sano es que uno de los dos tenga la palabra final y por naturaleza, debe ser el hombre. Cuando la mujer toma el papel de la autoridad, sobaja la hombría de su marido la cual Dios diseñó para la preservación familiar.

Hay algo vital que quiero recalcar, y es que fuimos diseñados para tener diferentes roles dentro de la unidad de la familia. Somos iguales en cuanto al valor de nuestro diseño, en cuanto a nuestra honra y nuestra esencia, pero cada uno juega un papel indispensable para el funcionamiento de la pareja. El hombre tiene que tener los pantalones y llevar las cargas y la responsabilidad de conducir correctamente el timón del barco. La mujer es la ayuda idónea que hace posible que el barco llegue a su destino. Ella ve y entiende todo lo que el navío necesita, tiene gran entendimiento e intuición aún para proteger de los peligros que se avecinan, mientras el varón conduce con diligencia.

El evangelio de Cristo no es ni machista ni feminista, en Cristo somos UNO en el complemento del uno y del otro, en la igualdad en que fuimos creados a imagen de Dios. Igualmente responsables por el pecado y de la misma forma, redimidos por la sangre y el sacrificio de Cristo, para que por el Espíritu Santo de Dios sirvamos responsablemente haciendo uso de los dones que Dios nos dé.

LOS CUMULONIMBUS

Estas son grandes nubes blancas de desarrollo vertical con la base más oscura. Son nubes asociadas a tormentas y descargas eléctricas, que pueden traer lluvias torrenciales, granizo o nieve.

En cuanto a nuestra navegación en el barco del matrimonio, estas son nubes engañosas de oscuridad las cuales se levantan en el corazón cuando se ha llegado a ciertas alturas, o cuando sentimos que nuestro estrato social nos da privilegios sobre los demás. Son nubes de tinieblas que nos hacen sentir que somos grandes en nosotros mismos y mejores que los demás. Se levantan entre las razas humanas, en la vida laboral y sobre todo en el matrimonio. En ellas llevan descargas eléctricas que escalofrían y destruyen. Son la altivez y la soberbia.

A. | TRUENOS Y RELÁMPAGOS

"Ciertamente la soberbia concebirá contienda; Mas con los avisados esté la sabiduría"
Proverbios 3:10

"Antes del quebrantamiento es la soberbia, Y antes de la caída la altivez de espíritu.

Mejor es humillar el espíritu con los humildes
Que repartir despojos con los soberbios.

El entendido en la palabra hallará el bien,
Y el que confía en Jehová es bienaventurado.

El sabio de corazón es llamado prudente,
Y la dulzura de labios aumenta el saber.
Manantial de vida es el entendimiento al que lo posee;
Mas la erudición de los necios es necedad."

Proverbios 16:18-20

La palabra soberbia proviene del latín super-bĭa y es un sentimiento de **valoración de uno mismo por encima de los demás**, la sobre-valoración del "yo" respecto de otros, es un sentimiento de superioridad que lleva a presumir de las cualidades o de las ideas propias y menospreciar las ajenas.

En el capítulo anterior establecimos la unidad en "el nosotros", y éste en Cristo es lo que nos regresa a nuestro diseño original en el Génesis. Luego entonces, la soberbia o superioridad va completamente en contra del esquema original de Dios para la pareja.

Cuando en el matrimonio, uno de los dos empieza a sentirse superior al otro, con esa soberbia empiezan las humillaciones, las contiendas, los gritos y el silencio. Cada uno de estos es un asesino del amor.

La violencia, no necesariamente significa golpes físicos, sino que es todo un sistema de control, que va apagando al otro hasta hacerlo cero, e incluso menor que eso. Gritos e insultos que como truenos relampagueantes estremecen el corazón y lo parten. Es como una serie de olas gigantes que caen aplastando el alma una tras otra tras otra y no tienen fin.

La soberbia invariablemente nos lleva a la soledad más terrible, tanto del enaltecido que termina haciendo todo solo, porque el otro es un inútil que no sirve para nada, como para el humillado que sin importar lo que haga nunca va a ser suficiente.

La soberbia y la humillación son materiales de construcción terribles que secan el corazón, destruyen el alma y apagan completamente nuestro espíritu; pero éstas no inician de golpe, son muy sutiles, nos hacen creer que tenemos la razón, y que nuestra pareja es quien está fallando. Esto conlleva a que lejos de apoyar, ayudar, sostener o levantar a nuestro cónyuge -en el supuesto de que de verdad este fallando- la soberbia juzga, humilla, señala, e incluso falta al respeto y se vuelve completamente intolerante.

Sin importar quien tenga la razón, cuando en vez de edificar, destruimos, entonces la razón deja de ser relevante. Cuando empezamos a actuar como si siempre tuviéramos la razón y despreciamos el consejo de los demás, el orgullo y el ego se han apoderado del trono de nuestra vida. Humillar a la pareja, incluso con el simple hecho de pensar "es tonto/a, inútil, no puede hacer nada bien" es el inicio de un ciclón que aplasta y destruye todo a su paso.

> *"Porque el enojo mata al insensato, y la ira da muerte al necio"*
>
> **Job 5:2**

La soberbia se muestra de muchas maneras, y debemos meditar seriamente y poner mucha atención para darnos cuenta si se ha infiltrado en nuestro ser. Fíjate atentamente y observa en sí cuando alguien quiere hablar contigo, sin importar lo que la otra persona diga tú tienes que tener la razón y necesitas ganar todos los argumentos. En pocas palabras "tú estás mal y yo estoy bien".

Cuando se acaba el diálogo y empieza el monólogo, la relación es estrangulada.

En una sana comunicación entre los dos no debe haber necesidad de ganar, se trata de hablar cordialmente, escuchar y descubrir nuevas o diferentes formas de pensar y de sentir no solo de las personas que más amas sino también de las personas que te rodean.

No eres superior a nadie, y cuanto más rápido te des cuenta de eso, menos daño le harás a tus seres queridos y a tu prójimo.

La inseguridad muchas veces se viste de soberbia para no mostrar su verdadera cara. Es así que el miedo y los celos se levantan contra la verdad y el amor, creando verdaderos infiernos.

"Pero si tenéis celos amargos y contención en vuestro corazón, no os jactéis, ni mintáis contra la verdad; porque esta sabiduría no es la que desciende de lo alto, sino terrenal, animal, diabólica. Porque donde hay celos y contención, allí hay perturbación y toda obra perversa."

Santiago 3:14-16

Por otra parte, a la soberbia le gusta el trono del juez.

"No juzguéis, para que no seáis juzgados. Porque con el juicio con que juzgáis, seréis juzgados, y con la medida con que medís, os será medido. ¿Y por qué miras la paja que está en el ojo de tu hermano, y no echas de ver la viga que está en tu propio ojo? ¿O cómo dirás a tu hermano:

¿Déjame sacar la paja de tu ojo, y he aquí la viga en el ojo tuyo? ¡Hipócrita! saca primero la viga de tu propio ojo, y entonces verás bien para sacar la paja del ojo de tu hermano."

Mateo 7:1-5

Algo que aprendí de mi esposo es que cuando señalamos a otros, Dios mismo nos señala tres veces más la viga que nos ciega.

Lo que lleva a cambios sustanciales es la decisión de dejar ese trono de "la verdad y la justicia" en que nos hemos instalado. Es su lugar, buscar la humildad en el corazón para arrodillarnos a los pies de la cruz de Cristo y en silencio y sabiduría analizar lo que estamos haciendo para contribuir a la situación en la que nos encontramos. Solo así, podremos tomar la responsabilidad por nuestras acciones, y veremos la victoria por delante.

De la misma forma en la que Jesús con amor y misericordia nos perdona en nuestros más terribles errores y pecados, es que esas virtudes empiezan a crecer en nosotros y a edificar una nueva forma de vivir.

La viga en nuestro ojo también representa todo el sistema en el que crecimos. Las vigas son pilares de construcción sobre las cuales se edifica. Entonces, así como vimos en el capítulo dos, nuestra visión de las circunstancias va a estar determinada por esa morada desde la cual operamos. Si no removemos los andamios, van a permanecer como un recubrimiento de madera podrida que irá deteriorando nuestra casa interior. Las vigas son circunstancias en las que fracasamos y errores que nos hicieron madurar. Son ideas y cosmovisiones equivocadas que nos implantaron para formarnos y deben ser quitadas de nosotros.

La soberbia, el ego, la obstinación y el no poder aceptar que nosotros también nos equivocamos y que tenemos una responsabilidad conjunta, separa y hiere profundamente no solo al matrimonio, sino a nuestra relación personal con Dios.

El ver nuestros propios errores, pedir perdón y amar desde la humildad y no desde la soberbia, nos llevará a entender, edificar y construir un verdadero matrimonio de igualdad en Cristo.

Cuando dejamos de juzgar y de imponer desde la soberbia, comenzamos a entender que no se trata de cambiar a tu pareja a lo que "tú crees" que es la verdad absoluta y que está correcto; se trata de conocer y reconocer que somos dos seres imperfectos en desarrollo, y en crecimiento, que cada día deciden amarse y sacar lo mejor de sí mismos.

Retomando el evangelio apócrifo de Tomás:

"Salomé dice: ¿Quién eres tú hombre? Como mandado por alguien, te tendiste en repositorio y comiste de mi mesa. Jesús le ha dicho: Soy quien viene de la igualdad. A mi se me han dado las cosas de mi Padre.

Salomé dice: Soy tu discípula.

Jesús dice: Por eso yo digo que cuando alguien se iguale se llenará de luz, pero cuando se divida se llenará de oscuridad"
Evangelio de Tomás versículo 61b

En este versículo Jesús nos habla de hacernos uno con Él y solo así nos llenaremos de luz. En nuestro matrimonio sucede lo mismo, el hacernos uno en esa igualdad nos llena de la luz y del amor como fueron creados, mientras que la separación, el juzgar, el sentarnos en el trono de la superioridad siempre viene acompañado de oscuridad.

Otra forma en la cual la soberbia sutilmente empieza a crecer como enredadera, es la de la victimización. Pues el soberbio al encontrarse rodeado de personas, que según él o ella no son capaces de hacer las cosas bien, termina siendo quien solucione, quien haga todo, quejándose de las personas que lo rodean. Esto no es más que una máscara del ego, que se enaltece a sí mismo buscando la atención no solo con la altivez de la superioridad sino con la máscara de la pobre víctima.

El espíritu de victimización es muy peligroso, es manipulador y busca controlar a través de la culpa, de la mentira y de las circunstancias.

El control y la soberbia te hacen creer que si tu no estás en control, nada va a salir bien y las cosas no van a funcionar o a salir como tú quieres. Esto es un pecado muy grave, porque nos ponemos a jugar el papel de Dios, controlando a todos y todo a nuestro alrededor y lejos de reposar en Él y dejar que Él sea quien nos guarde, nos provea, nos cuide, tomamos ese peso nosotros, y ese no es nuestro diseño.

Algo en lo que yo sigo trabajando, porque ha sido una viga de estructura que ha estado conmigo toda la vida, es el "si no lo hago yo, no va a estar bien hecho". Así me educaron. Siempre escuché que si quería que las cosas fueran perfectas tenía que hacerlas yo. Esta ha sido de las estructuras más esclavizantes, más molestas, y que más conflictos me ha causado con todo el mundo a mi alrededor, incluyendo a mi amado marido.

He tenido que pedir perdón muchas veces por esta estructura y cada vez que la venzo siento una libertad maravillosa. Me dí cuenta de que esta grandísima mentira de mi ego, tan llena de soberbia, lo único que hacía era saturarme de cosas que sólo yo podía hacer.

Era esclava de mi soberbia, y con esto me enojaba y me amargaba la vida YO SOLA y me llevaba entre las patas a todos a mi alrededor. Si alguien me ofrecía ayuda, yo en mi obscura superioridad decía que no, porque primero no lo iban a hacer bien y segundo yo tendría que hacerlo de nuevo. Con esta soberbia en mis decisiones, no sólo me esclavizaba, sino que además me perdía la oportunidad de conocer nuevas y mejores formas de hacer las cosas, hacer las juntos y en equipo, así como liberarme de la presión de hacer todo sola.

Dejar atrás la soberbia, ha sido de las experiencias más liberadoras que he experimentado. Pese a todo el trabajo del perdón, del arrepentimiento, de limpiarme de iniquidad y demás que he hecho durante los últimos años, de vez en cuando vuelve a aparecerse y hay que someterla y aplastarla porque no voy a darle cabida en mi vida.

Mi esposo hoy en día se ríe cuando hago algún comentario de "sabelotodo" que no debería, y me dice: "Yo no necesito Google, ya te tengo a tí" lo cual nos dobla de risa y a mí de vergüenza, por razones obvias. Hoy, cuando alguno de los dos se equivoca, preferimos reírnos juntos de nuestros errores, y levantarnos con amor. Esto me da la oportunidad de pedir perdón, recapacitar y darme cuenta, que ni tengo todas las respuestas, ni lo sé todo, ni puedo sola, y lo mejor es que tampoco me interesa.

La vida lejos de la soberbia es ligera, y se vive bonito. Cambiemos la soberbia y la terquedad, por amor, prudencia y mucho gozo.

"El entendido en la palabra hallará el bien,

Y el que confía en Jehová es bienaventurado.

El sabio de corazón es llamado prudente,

Y la dulzura de labios aumenta el saber.

Manantial de vida es el entendimiento al que lo posee;

Mas la erudición de los necios es necedad."

Proverbios 16:20-22

B. EL OJO DEL HURACÁN, LA ZONA DEL SILENCIO

"El lento para la ira tiene gran prudencia, pero el que es irascible ensalza la necedad."

Proverbios 14:29

"La suave respuesta aparta el furor, más la palabra hiriente hace subir la ira."

Proverbios 15:1

"Deja la ira y abandona el furor; no te irrites, sólo harías lo malo."

Salmos 37:8

¿Qué pasa cuando nos enojamos? En todas las relaciones vamos a tener momentos en los que no estamos de acuerdo, en los que alguno se equivoca, en los que las cosas no salen como habíamos pensado.

Cuando estábamos en medio de la tormenta, y el barco se sacudía con olas de dolor, la ira se apoderó de mí muchas veces. Nunca he sido buena para quedarme callada y cuando abría la boca sólo salía veneno, dolor e irá.

Dije muchas cosas que no sentía, cosas que me lastimaron y que sé, que lo lastimaron a él y de las cuales me arrepiento profundamente.

Por otra parte, mi esposo es lo opuesto, si algo le molesta no lo dice, él guarda silencio, muchas veces por prudencia, pero en su mayoría por no entrar en confrontación. De esta manera, va llenando de presión la olla hasta que esta revienta sin control. Este fue uno de los puntos críticos de nuestra tormenta.

Como les conté en capítulos anteriores, la tormenta llegó a nuestra casa sin previo aviso, ¿Pero por qué? por estos silencios. Estos no eran de la clase de: "Estoy enojado y no hablo y no hay diálogo", los cuales también son una forma de soberbia. Estos silencios eran "no soporto esto, no estoy de acuerdo con aquello, esto no me gusta, pero como hay muchas otras cosas que, si me gustan y están bien, entonces mejor no digo nada para no causar conflicto".

A medida que pasaron los años, las pequeñas cosas que se soportaban en el enamoramiento se convirtieron en monstruos intolerables.

Recuerdo una de las múltiples conversaciones que tuvimos durante la tormenta, en las que yo no entendía porque nunca me había dicho nada, me sentía engañada y viviendo en una mentira. En mi mundo rosa, los dos éramos felices y todo estaba bien, pero en el suyo había muchas situaciones insoportables que lo hacían evadirse y alejarse interiormente cada vez más.

Estos silencios comenzaron a hacer un abismo entre los dos, el problema era que el único que veía el abismo era él, yo pensaba que caminaba en tierra firme; por eso cuando detonó la tormenta yo no tenía idea ni de porqué, ni cómo, ni cuándo, ni dónde.

Imagínense una casa blanca, con paredes blancas, muebles blancos, flores blancas todo inmaculado y perfecto con un general cuidando que nada se saliera de cuadro. Por otra parte, imagínense una cubeta llena de lodo cenagoso que se había estado acumulando por años en ese silencio. Ahora enciende un ventilador en la sala y tírale encima el cubo de lodo, ¿Cómo quedó la casa? Pues ni tan inmaculada y mucho menos perfecta.

Así que cuando volvimos del viaje que hicimos, donde decidimos que sí queríamos seguir navegando juntos, esta era una pieza crítica en nuestra relación, por eso decidimos empezar con los ya conocidos "cross-check" que hacemos todo el tiempo.

A partir de ese momento nada se daba por sentado, ni por seguro. Si yo tenía la menor duda o sentía que él no me estaba diciendo cómo se sentía realmente, no avanzábamos.

El salto cuántico fue cuando Jesús vino a reinar como Señor de nuestras vidas, y de nuestra casa.

> *"Mas el fruto del Espíritu es amor, gozo, paz, paciencia, benignidad, bondad, fidelidad, mansedumbre, dominio propio; contra tales cosas no hay ley."*
>
> **Gálatas 5:22-23**

Poco a poco y con amor, encontramos la forma de hablar sin confrontación. Una de las claves para que este diálogo sucediera, fue cambiar una importante falla de carácter en mi personalidad. Cada vez que alguien me decía algo que no me parecía, saltaba la fiereza del león dentro de mí, dueño, señor, y rey de mi selva. ¿Cómo pretendía yo, que alguien quisiera hablar de cualquier cosa conmigo? Tuve que asumir la responsabilidad que yo era la ocasión de lo mismo que me agraviaba, sus silencios.

Yo necesitaba entender que tanto mi enojo y mis reacciones, así como su silencio eran igual de letales. Llegar al núcleo de esta polaridad y deshacerla cambió nuestra forma de vivir, de interactuar, no solo entre nosotros, sino con la familia, los amigos, en el trabajo y todo lo que nos rodeaba.

Los dos hemos aprendido a hablar con dominio propio, con mansedumbre, en amor, con gozo, buscando la paz y teniendo paciencia.

Llegar a este punto no fue un proceso instantáneo, ni de la noche a la mañana. Toda nuestra identidad, todos los sistemas y las moradas que habían gobernado nuestras vidas hasta ese momento, ahora necesitaban ser destruidos para que pudiéramos dar vida a una relación completamente diferente. Una relación en donde Jesús, el Hijo de Dios, se manifestara de forma viva y constante.

Cuando venimos a Cristo, los primeros sistemas con los que tenemos que tratar y con los que trata el Señor, son con los que traemos dentro, y como una cebolla, hay que ir quitando capa por capa para eliminar toda la corrupción y los erróneos fundamentos religiosos y culturales que hay en nosotros. Todo aquello que nos fue impuesto o que nosotros mismos implementamos y que hace que operemos de una u otra manera, y que está en contra de nuestro diseño.

En otras palabras, todo el "software" que nos fue agregado al sistema operativo, necesita ser reiniciado por la sangre de Jesús. Para lograr esto necesariamente tenemos que morir a cada una de estas estructuras de ego, de control, de soberbia, de silencio, de incredulidad, de inseguridad, de miedo y demás sistemas que hayamos usado para edificar nuestras moradas.

"En la casa de mi Padre muchas moradas hay; si así no fuera, yo os lo hubiera dicho; voy, pues, a preparar lugar para vosotros. Y si me fuere y os preparare lugar, vendré otra vez, y os tomaré a mí mismo, para que donde yo estoy, vosotros también estéis. Y sabéis a dónde voy, y sabéis el camino."

Juan 14:2-4

"No temáis, manada pequeña, porque a vuestro Padre le ha placido daros el reino."

Lucas 12:32

"Desde entonces comenzó Jesús a predicar, y a decir: Arrepentíos, porque el reino de los cielos se ha acercado."

Mateo 4:17

"Preguntado por los fariseos, cuándo había de venir el reino de Dios, les respondió y dijo: El reino de Dios no vendrá con advertencia, ni dirán: Helo

aquí, o helo allí; porque he aquí el reino
de Dios está entre vosotros."

Lucas 17:20-21

En estos versículos, podemos ver cómo Jesús, fue a preparar una morada para nosotros, la cual es una dimensión de Reino, a la cual podemos acceder y se forma alrededor de cada uno de nosotros como hijos de Dios.

La presencia de Jesús en nuestras vidas transforma nuestras moradas; pero para tener acceso a esta dimensión forzosamente tenemos que morir al sistema de este mundo. Lo que lo venció fue Jesús muriendo en la cruz y cuando Jesús resucita nos resucita con Él y nos lleva a esta dimensión de Reino lleno de la vida y de la luz de la resurrección.

¿Cómo morimos a estos sistemas y a esta falsa identidad? Soltándolas y entregándolas, sumergiéndolas en Cristo para que la vida y la luz de la resurrección acaben con lo muerto dentro de nosotros para dar luz a la vida.

Por ejemplo, en esta dimensión física en la que estamos, si nosotros decidiéramos escalar una montaña o correr un maratón, forzosamente necesitamos hidratarnos para poder completar la hazaña. Sin agua, no llegaríamos ni a la cima de la montaña, ni al final del maratón.

Espiritualmente funciona de la misma manera, nosotros necesitamos beber del agua de vida que es Jesucristo mismo, leer su palabra, entrar en su reposo, y dejar que sea Él y todo su poder quien nos vaya transformando y mostrando las áreas que debemos soltar y entregarle.

Este no es un proceso instantáneo, tomará tiempo. Morir a nuestro ego, a nuestro orgullo, a nuestra soberbia, abre nuestros ojos para reconocer lo que somos en nuestro diseño e identidad divinos, y también para ver eso que no somos.

Sumergirnos en Cristo es prioritario para que sea Él quién viva en nosotros, y morir a la falsa identidad que nosotros creamos. Cuando ésta se quiebra hasta que no queda nada y todo lo que somos se centra en lo que Jesús dice de nosotros, empezamos a vivir una nueva vida.

Yo por ejemplo como les dije anteriormente fui directora de hoteles y restaurantes por veinte años, orgullosa, organizada, líder, tajante, me llamaban de sobrenombre "La Thatcher" por ser implacable y haber podido "ser exitosa" en un mundo de hombres. Esta directora de hotel, soberbia, con el ego inflado, llena de vanidad y ese sentimiento de autosuficiencia, me terminaron por llevar a los abismos de dolor y soledad más espantosos que puedan llegar a imaginarse.

Así que, rendida a los pies de Cristo, y capa por capa, Jesús me fue mostrando cada uno de estos sistemas y estas moradas, y uno a uno con toda humildad fui entregándolos, pidiendo perdón a quien había ofendido, renunciado a posiciones de alto mando, hasta que todo aquello que yo pensaba que yo era quedó totalmente destruido.

Hoy en día cuando miro hacia atrás, me cuesta mucho trabajo incluso imaginarme, cómo fui capaz de ser esa persona tan desagradable, y doy gracias a Dios todos los días por haber destronado a la falsa Ana, y haberle dado vida a esta nueva yo, Ana hija de Dios, sin ninguna pretensión más que la de ser una digna hija, amarlo sobre todas las cosas y servirle eternamente.

"Jesús ha dicho: a menos que ayunéis del sistema, no encontraréis el reino de Dios, a menos que guardéis la semana entera como sábado, no veréis al Padre"
Evangelio de Tomás Dicho 27

Ayunar el mundo y las dependencias del sistema que nos atan, rompe el poder que tienen sobre nosotros.

¿Necesitas morir al control? Entrega el control. Deja que las otras personas decidan y ni siquiera opines, sea cual sea el resultado ¡SUELTA!

¿Necesitas morir al ego? Pide perdón, acepta tus equivocaciones y humíllate como lo hizo Jesús en la cruz.

¿Necesitas morir a la soberbia? Empieza a servir a aquellos a quienes ves como inferiores a ti.

¿Tienes el ojo alegre y tu problema es la fidelidad? Aplasta la arena cuando es arena. La infidelidad es el fruto de una cadena de pensamientos que alimentas hasta que terminas por consumarla. Así que si destruyes el pensamiento cuando es una arenita insignificante, nunca vas a tener que lidiar con una montaña. Si alimentas la imaginación, la conversación, la masturbación, tu solito/a te estás tendiendo tu propia trampa.

¿Tu trabajo saca lo peor de ti? Renuncia, sí, renuncia, no se va a acabar el mundo y tú vas a empezar una nueva vida.

¿Necesitas morir a tus acciones reactivas? Cada vez que sientas que viene una reacción, no digas absolutamente nada. Al principio esto me costó muchísimo trabajo, lograba no decir nada por minutos, luego por horas, hoy en día, mis acciones reactivas son mínimas, dejo pasar días antes de opinar sobre situaciones que antes en diez segundos hubiera ardido Troya tres veces. Si al final de esos días tengo algo que decir, ya fue tan sumergido en Jesús, que normalmente sale del amor con palabras escogidas y edificación, y no desde la reacción y esto me ha traído resultados maravillosos.

¿Te controla el dinero o la falta de este? Yo tenía una obsesión con cuánto dinero tenía, en qué me lo había gastado, cómo lo iba a invertir, qué se iba a usar para las vacaciones. Tenía hojas Excel con estados de cuenta detallados de cada centavo.

Esta fue de las estructuras más difíciles de romper, para que yo pudiera destruirla fue necesario perderlo TODO, y cuando digo TODO es bancarrota. Ya no había nada que controlar porque NO HABÍA NADA, mi único anhelo era poder ganar algo de dinero para poder diezmar.

Cuando después de orar desesperadamente por un trabajo, Dios me dijo "no te voy a dar ninguno, ven a trabajar para mí" me quedé muda. Si Dios iba a ser mi Patrón, entonces él se encargaría de mi sueldo y yo no podría tener un mejor jefe en la vida. ¡Así que por supuesto que dije que sí! Nunca más volví a hacer una hoja de Excel. Hay meses que no se ni como los terminamos o de donde salió para pagar todo lo que necesitábamos. No lo sé. Sólo sé que a partir de ese día las finanzas de mi familia no me gobiernan, y mi Padre nos provee invariablemente. Todo lo que entra en esta casa se diezma y podemos ofrendar a hermanos que lo necesitan, a organizaciones y ministerios que están cambiando la vida de miles de personas. Entre más damos más felices somos y eso es un gozo extraordinario.

El morir al dinero y al sistema financiero nos ha dado la libertad más maravillosa.

Así que sea lo que sea a lo que necesites morir, hazlo como lo logró Jesús:

"puestos los ojos en Jesús, el autor y consumador de la fe, el cual por el gozo puesto delante de él sufrió la cruz, menospreciando el oprobio, y se sentó a la diestra del trono de Dios."
Hebreos 12:2

Con el gozo siempre por delante, sabiendo que tras la muerte viene la vida y la luz de la resurrección y con ellos el Reino de Dios y nuestra morada en el lugar que Dios hizo para nosotros.

Para poder restaurar un matrimonio, cada uno tiene que morir a sus sistemas, trabajar tanto en lo individual como en lo conjunto y entonces, sólo entonces podrán dar vida a una nueva relación llena de la luz de la resurrección.

LOS VIENTOS SUBTROPICALES

Uno de los frentes que se pueden manifestar en una tormenta matrimonial, son los hijos, y máxime si vienen de matrimonios anteriores, como se da muchas veces el caso en nuestros tiempos. En nuestro caso fue uno de ellos.

Como les comenté capítulos atrás, yo no pude ser mamá. Así que cuando llegó el amor de mi vida con dos niñas, una de dieciséis y una diez, esa pieza que faltaba en mi corazón encajó sin hacer preguntas.

Nuestros primeros años como familia, en todo lo que respectaba a las niñas, fueron no solo un reto extraordinario, sino que eran territorio sin mapa, sin brújula y sin la menor idea de cómo surfear olas que jamás habían sido parte de mis tormentas.

Mi esposo vivió solo con las niñas durante seis años. Durante este tiempo él cargó completamente el peso de la paternidad y en esta dinámica, su hija mayor tomó el lugar de señora de la casa y de mamá de su hermana pequeña.

Cuando nos conocimos y empezamos a salir, este panorama completo me llenó de ternura y dentro de mí estaba el genuino deseo de aligerarles la carga. Lograrlo fue otra historia.

Conocido por todos es el dicho "nadie te enseña a ser padre", y la realidad es que es cierto, nadie te enseña, te guías por el instinto, por lo que viste cuando creciste, eliminas lo que "cuando yo sea mamá nunca les voy a hacer eso a mis hijos" pensando que a ti no te va a pasar lo que les pasó a ellos, y cometes tú solito tus propios errores.

Quiero compartirles algo que sé que les va a hablar a sus corazones y que tal vez muchos de ustedes se identifiquen con ello.

Como desde chiquita siempre fui muy analítica y observadora de mi entorno y de los personajes que interactuaban a mi alrededor, algo que siempre me dolió fue darme cuenta del dolor que había en el corazón de mi abuelo y la terrible relación que tenía con mi papá.

Con el pasar de los años y muchas pláticas con mi abuela, sobre todo después de que mi abuelo murió, pude entender mucho de lo que pasó muy temprano en su matrimonio y que marcó su vida para siempre. Mis abuelos son de un pueblo muy chiquito en Portugal, y cuando voy al pueblo me fascina buscar en las fotos de los baúles de la familia y encontrarme fotos de ellos en los años cuarentas, donde puedo ver la mirada enamorada de mi abuelo y la risa nerviosa de mi abuela. ¿Qué le pasó a ese amor? Me preguntaba, eso no fue lo que yo vi y viví.

Mis abuelos tuvieron dos hijos, mi papá el mayor y Car, mi tía-mamá, pero antes de que naciera mi papá mi abuela se embarazó y perdió a ese bebé con el embarazo bastante avanzado, lo cual la marcó profundamente. Al tiempo se embarazó de mi papá, su embarazo fue de alto riesgo y finalmente nació el tan esperado bebe, la vida entera de mi abuela se volcó a ser madre de este precioso niño.

Cuando esto sucedió mi abuela hizo a un lado a mi abuelo, y toda la atención sin distracción que éste obtenía de mi abuela ahora era inexistente. Mi abuelo se sintió desplazado, su corazón se rompió, su amada esposa ahora era la madre de un personaje que se la había robado, él era ahora, era alguien en segundo plano, cuya obligación era que nada le faltara a ella y al niño. Esta situación se vio acentuada cuando un año y medio después nació mi tía-mamá.

Para mi abuelo el culpable de todo había sido mi papá y este dolor hizo que jamás tuvieran ni medianamente una buena relación. Mi papá creció con un padre que no lo soportaba y cuando al pasar de los años nací yo, mi papá no tenía ni la más remota idea de cómo ser papá y menos de una niña. Un año después nació mi hermano, mi papá no supo ni por donde y salió corriendo.

A esto hay que sumarle, que mi papá antes de casarse con mi mamá, acababa de volver de la guerra de independencia de Angola. Hoy en día los traumas de guerra se llaman "Estrés postraumáti-co", en aquel entonces, eras simplemente un loco, violento. El caso de mi papá no fue la excepción, tenía frecuentes pesadillas llenas de horror y vio-lencia. Durante estas, incluso llegó a golpear a mi mamá quien por su parte tampoco sabía cómo li-diar con sus agresiones, por lo que buscó ayuda para sanar interiormente y decidió dejarnos con mis abuelos hasta su recuperación. Mi abuelo por otro lado vio en esta oportunidad ese lugar en donde volcar todos esos sentimientos que llevaba años reprimiendo y nos desbordamos mutuamente en un amor que sigo sintiendo hoy en día.

Este patrón generacional, de padres que no saben ser padres, lo vi romperse con mis hermanos, que pese a los ejemplos de irresponsabilidad que habían vivido de mi papá se convirtieron en padres maravillosos, y eso era algo que yo siempre había querido.

Por otra parte, tanto mi abuela como mi tía-mamá se desvivieron en amor y cuidado con nosotros. El problema fue que ambas eran mujeres muy fuertes que establecieron matriarcados donde su palabra era la ley, su autoridad era incuestionable y donde ningún hombre de la familia remotamente opinaba sobre la educación de mi hermano y mía. Para mí lo normal era que como mujer adulta y en posición de mamá "mi palabra era la ley", así que el trancazo con mis hijas fue monumental y sin duda parte de nuestra tormenta.

Los primeros años con nuestra hija mayor fueron horribles para las dos, yo había llegado a quitarle el lugar de señora de la casa y mamá de su hermana. Le estaba robando la posición que ella había creado y desde donde gobernaba en su corazón de adolescente, y si ella no podía ejercer en estas posiciones, entonces sentía que no era nadie. Yo por otra parte quería que ella viera que ese peso no le correspondía, a los dieciséis años le tocaba reírse y ser feliz, y no correr hacía ser adulto, pero por más que trataba no llegábamos a ningún lado.

Por un lado, yo me quejaba con su papá: "Habla con ella, esto no puede seguir así, tiene que entender que ahora las cosas son diferentes, y es por su bien" y por otro lado ella se quejaba con su papá: "Es que papi, esto no puede seguir así, tiene que entender nuestra dinámica ¿por qué tengo que cambiar eso?". Y según nosotras que teníamos la razón absoluta de nuestra queja, la otra estaba mal, y tenía que adaptarse a la nueva vida. Tanto mi hija como yo, estábamos entronadas en nuestro ego y nuestra razón, y no teníamos ninguna intención ni de ceder, ni de ponernos en el lugar de la otra.

Mientras tanto, no teníamos una confrontación directa, todas las quejas eran por el intermediario que teníamos (mi marido/su papá), porque éramos según nosotras "educadas y civilizadas". Ahora bien, como vimos en capítulos anteriores, mi marido era una persona no confrontativa y nos daba la razón a las dos, hasta que la situación fue tan insostenible, que todo explotó y ¿cuándo explotó? durante la tormenta perfecta.

Cual tormenta tropical, alimentada por un sistema de baja presión y las aguas cálidas, la relación con nuestras hijas desencadenó otro frente dentro de la tormenta.

Por otra parte, nuestra hija menor, llegó a mí con diez añitos, era una pulguita chiquita, con lentes más grandes que la cara, super sensible y super consentida tanto de papá como de su hermana mayor. Con ella tuvimos que lidiar con el sentirse desplazada en el amor. Sus preguntas y sus miedos eran: "¿Aunque mi papá tenga a Ana, todavía me quiere? ¿Por qué ya no podemos dormir todos en el mismo cuarto? ¿No van a tener hijos verdad? Fue poco a poco, con amor y paciencia y a veces hasta con desesperación que fue entendiendo que nada ni nadie le iba a quitar el amor de su papá. La paciencia sin duda también fue una de las áreas que Dios tuvo que tratar conmigo.

Cuando llegó "La Generala" a su vida (o sea yo), hubo cosas que esta familia realmente apreció, como el orden, la estructura o el saber que llegaras a la hora que llegaras había una sopita calientita en la casa. Laboralmente yo era conocida por traer orden y eficiencia al caos, así que hice lo mismo en mi casa, aunque no de la forma correcta. Si pudiera regresar el tiempo, llenaría esos espacios de militarización con mucho, mucho, mucho amor y mucha paciencia. Me hubiera encantado disfrutar más de su infancia y sus ocurrencias, pero vivía en el hotel trabajando y sólo los veía un ratito en la noche y los domingos, así que me perdí de muchas risas que no van a regresar y que se perdieron en el pasado.

Por otra parte, si alguien en la escuela molestaba a mi niña, yo saltaba y le hablaba a la mamá del amiguito o amiguita y me encargaba de que ni se le ocurriera a nadie tocar a mi cachorrita. Mis reacciones y el "sobre defender" a mi hija, lo único que estaba haciendo era que ella dejara de contarme las cosas y se separara de mi.

Durante la tormenta esta pequeña sufrió muchísimo, toda su estructura, toda su estabilidad se vino abajo, y aunque reforzamos miles de veces que pasara lo que pasara siempre íbamos a estar ahí para ella, la realidad es que nos la llevamos entre las patas y sufrió junto con nosotros toda la tormenta.

El otro viento polar con el que tuve que lidiar fue con mi mamá, a quien durante cuarenta años juzgué por habernos dejado con mis abuelos. Durante esta tormenta que yo estaba viviendo, mi mamá fue una pieza clave en mi contención. No solamente dejó todo para venir a estar conmigo y consolarme en mi dolor, sino que me reforzaba en Cristo y me llevaba a aguas de paz y de reposo en donde el dolor, aunque no desaparecía, era más llevadero.

CAPÍTULO 9 | LOS VIENTOS SUBTROPICALES 155

En estos meses en los que el Señor trató con mi corazón profundamente, pude ver el corazón de mi mamá romperse cuando cuarenta años antes, ella vivió su tormenta perfecta. Sentí su dolor cuando su barco naufragó y en un intento por sobrevivir al dolor, nos dejó en una balsa salvavidas a mi hermano y a mí.

La intensidad y el dolor de perder a mi familia fueron tan fuertes e intensos, que abrieron una puerta en el tiempo que me llevó a la tormenta de mis papás, y cuando eso sucedió, le llamé por teléfono y le pedí perdón. "Perdón mamá porque llevaba cuarenta años sentada en el trono enjuiciándote y como Moisés durante cuarenta años caminaste por el desierto buscando la tierra prometida del corazón de tu hija".

Esas palabras y ese perdón fueron tan profundos que abrieron las cicatrices de dolor que teníamos y estás fueron cubiertas con el amor de Cristo. A partir de entonces tenemos una relación extraordinaria, en la que hoy en día me cuesta trabajo concebir, que pasáramos tantos años tan lejos.

En ese momento no lo sabía, pero la restauración de la relación con mi mamá fue clave para que todas las estructuras de juicio, de soberbia, de falta de perdón y de inseguridad que tenía dentro de mí fueran destruidas y pude iniciar una nueva relación ahora con mis hijas.

> *"Hijos, obedeced en el Señor a vuestros padres, porque esto es justo. Honra a tu padre y a tu madre, que es el primer mandamiento con promesa; para que te vaya bien, y seas de larga vida sobre la tierra. Y vosotros, padres, no provoquéis a ira a vuestros hijos, sino criadlos en disciplina y amonestación del Señor."*
>
> **Efesios 6:1-4**

Con el pasar de los años y con Dios trabajando dentro de nosotros como pareja y como individuos, las relaciones dentro de nuestra familia han cambiado completamente. Cuando decidimos luchar para salir adelante, nuestras hijas fueron clave para que las cosas funcionaran.

Lo primero que hicimos fue dejar de tener una relación a través de su papá y empezamos a tener una relación sin intermediario. Nos pedimos perdón, nos abrazamos, nos dimos chance de equivocarnos y empezar de nuevo, porque cada uno de los miembros de esta familia sabía una cosa de la cual podíamos estar seguros todos y era que, sin importar la tormenta, o el estado del barco nos amábamos profundamente.

Mi esposo aprendió a decir lo que piensa en amor, sin miedo, sin confrontaciones, sabiendo que cada palabra que nos dice viene cargada de su profundo amor y buscando siempre lo mejor para nuestra familia. Si no está de acuerdo o no le gusta algo, lo dice, y cada vez que vence el fantasma del silencio, nos llenamos de amor y de orgullo de lo lejos que ha llegado y lo mucho que Jesús lo ha transformado en el gran hombre que es hoy.

Durante los primeros años de nuestra relación, mi esposo y yo vivimos en unión libre y fuera del diseño de Dios, y mientras estuvimos así, fue cuando libramos los peores infiernos. Poco a poco cuando fuimos sanando como pareja y a medida que Dios nos fue mostrando todo lo que teníamos en desorden, fue que decidimos casarnos y que fuera Dios el capitán de nuestro barco.

Cuando llegó el día de nuestra boda, Pau nuestra hija mayor entregó a su papá y Val nuestra hija menor me entregó a mí, ese día no solo, Cristo empezó a reinar entre nosotros como pareja, sino también como familia.

Hace poco cada una de nuestras hijas empezó su vida, su carrera, sus sueños fuera de casa. Cuando llegó el momento de que se bajaran de nuestro barco para subirse al suyo y empezar a navegar, pudimos sentirnos tranquilos porque nuestro barco había formado un puerto de guarda. Ese lugar seguro al que nuestras hijas pueden volver a descansar, a arreglar sus velas, a agregarle eslabones a las anclas para poder navegar en aguas más profundas, sabiendo que aquí estaremos siempre en las aguas del reposo de Jesús para recibirlas siempre con los brazos abiertos.

Hoy en día es muy común llegar a un matrimonio con hijos de matrimonios anteriores. Este tema es tan diverso que se podría escribir más de un libro al respecto. Vamos a encontrar cientos de variables y de cada una se deberá encontrar la mejor forma para que la familia funcione.

En mi caso, entendí que el corazón de mi esposo ya venía con tres partes, la suya y la de las niñas, y que toda decisión, actitud, o lo que fuera que yo tuviera en relación a ellas, iba a afectar directamente el corazón de mi amado.

Cuando me dí cuenta de esto, mis interacciones, decisiones e incluso mi forma de pensar cambiaron radicalmente. Todo lo que hacía con relación a las niñas lo pasaba primero por el "filtro" del corazón de mi esposo. Si al tener que tomar una decisión me daba cuenta de que si hacía "esto o aquello" a quien más lastimaría sería a mi esposo, pues definitivamente replanteaba la solución.

No quiero decir con esto que se solapen malas actitudes o comportamientos, lo que estoy diciendo es que ante cualquier situación, el amor siempre se pone por delante y tras él, la mejor solución correctiva y en acuerdo cómo unidad paternal.

Cómo pareja, nunca debemos entrar en competencia con los hijos o por los hijos, es completamente absurdo, cada quien tiene un lugar en el corazón. El que compite pierde.

Hablar de amor y respeto cómo fundamento de la familia es mucho más profundo que dos palabras, es una llave de sabiduría y entender esto te puede ayudar a direccionarte en muchas áreas de tu vida.

10

LAS PROFUNDIDARES DEL MAR

La tormenta perfecta había quedado atrás y ahora los vientos eran de paz. Nos habíamos casado, la relación con las niñas era cada día más sólida y llegó el tiempo en que Dios nos invitó a las profundidades del mar.

Para poder vivir en estado de responsabilidad, debemos entrar en conciencia de cada uno de los ladrillos con los cuales construimos nuestra morada, para poder entregarlos a Jesús en la cruz, tal como lo hablamos en el capítulo 2.

Cuando Jesús murió, él llevó todos estos ladrillos, todo este dolor, todas estas circunstancias también, y lo más importante de todo esto, es que con la resurrección de Jesús, esa luz y ese poder destruyen la torre desde adentro.

Algo que debemos entender es que tanto la cruz como la resurrección, no son eventos que se quedaron como históricos, y que sucedieron hace dos mil años, sino que ambas son dimensiones espirituales que están vivas y a las cuales tenemos acceso y que podemos disfrutar. De hecho, ser una generación que se mueve en estas dimensiones es una realidad ya para muchas personas, y tú puedes vivir por ellas también.

Hace algunos años, mi vida y la de mi familia cambiaron completamente. Mi esposo y yo habíamos invertido todo lo que teníamos en un restaurante, invitamos amigos para que se asociaran con nosotros y finalmente el 28 de febrero del 2020 abrimos las puertas del soñado lugar, si pusiste atención en la fecha entonces puedes imaginarte que el restaurante solo estuvo abierto diecisiete días, pues el 17 de marzo, inició el encierro por la pandemia.

Un cierre que nos imaginamos duraría un par de semanas, se extendió hasta que en junio perdimos absolutamente todo, incluyendo a los amigos con los que abrimos el restaurante.

En casa ya habíamos vendido todo lo vendible, las tarjetas de crédito estaban llenas, ya no teníamos para pagar el alquiler de nuestro departamento, no quedaba nada, todo lo material que habíamos construido se había esfumado.

A diferencia de cuando vivimos la tormenta perfecta, esta vez teníamos a Dios como pilar central de nuestra vida, y aunque todo se desmoronaba alrededor, nuestra familia, nuestro amor, nuestro centro estaba firme.

Mi esposo, buscando alguna solución para sacar adelante nuestra familia, habló con el hermano de mi mamá, quien nos dijo que su empresa también estaba parada por la situación mundial, pero que tenía un departamento con un coche que podía prestarnos tres o cuatro meses y que no teníamos que pagar nada, pero el departamento estaba en España.

Nos pusimos en oración y le pedíamos a Dios si este era el camino que Él tenía para nosotros que se abrieran las puertas y que todos los trámites y gastos para poder llegar ahí se solucionarán y cubrieran.

No tardó en salir un amigo piloto de avión que prácticamente nos regaló los vuelos, Tuvimos también que tomar cómo familia una decisión dolorosa por el futuro de todos, y fue el dejar por un tiempo a las niñas en casa de su mamá biológica. Con lo poco que quedaba de la venta del coche, empacamos las maletas y nos vinimos a vivir a Mallorca, un isla en el Mediterraneo, con la esperanza y la promesa de poder volver a estar juntos pronto.

Cuando tienes que empacar tu vida entera en tu maleta y decidir que se queda y que se va, cada milímetro y cada kilo son evaluados muy cuidadosamente. Dentro de las cosas que incluimos estaba el libro de "La Iniquidad" escrito por mi mamá, Ana Méndez Ferrell. Este libro yo lo había leído hacía veinte años cuando lo escribió, y lo había leído como quien lee una novela o un libro de texto, pero había algo dentro de mí que me llamó a llevarlo con nosotros.

Los aeropuertos, las estaciones de tren y de metro, estaban completamente vacías, éramos muy pocos los que estábamos en la calle o viajando, el mundo estaba en pausa.

Dentro de ese paro mundial, había un versículo que constantemente venía a mi corazón una y otra vez. Mientras empacábamos las maletas, en el taxi, en el avión, en el tren, en el barco (si, tuvimos que tomar todos los medios de transporte existentes para poder llegar a nuestro destino) y este versículo era:

"Mas buscad primeramente el reino de Dios y su justicia, y todas estas cosas os serán añadidas."
Mateo 6:33

¿El Reino de Dios?, ¿Cómo lo busco?, ¿En dónde lo encuentro?, mi corazón está dispuesto a hacer lo que tenga que hacer, pero no sé por dónde empezar, y recordaba lo importante que era tener el corazón dispuesto.

"Y tú, Salomón, hijo mío, reconoce al Dios de tu padre, y sírvele con corazón perfecto y con ánimo voluntario; porque Jehová escudriña los corazones de todos, y entiende todo intento de los pensamientos. Si tú le buscares, lo hallarás; más si lo dejares, él te desechará para siempre."
1 Crónicas 28:9

"Examíname, oh Dios, y conoce mi corazón; Pruébame y conoce mis pensamientos;"
Salmos 139:23

Mi mente, mis pensamientos y mi corazón, no tenían la menor duda de que perseverarían hasta encontrarlo. Hablé con mi mamá y sabiamente me dijo que hiciéramos el libro de la Iniquidad, que era importante limpiarnos de esta y entrar en la justicia de Dios, para poder encontrar el Reino.

Así que diligentemente mi esposo y yo durante tres meses, cada día, oramos juntos, y comenzamos a leer juntos el libro de la Iniquidad, le pedíamos al Espíritu Santo que nos mostrará todo lo que estaba mal en nosotros y en nuestras generaciones. Y poco a poco, como quien va pelando una cebolla, nos fuimos metiendo profundamente, de capa en capa.

Había días que no podíamos avanzar más de una página, lo que el Señor nos mostraba en nosotros, cada uno de nuestros pecados en el cuerpo de Jesús, nos llevaron a un encuentro vivo con esta dimensión.

Escribimos en un cuaderno una lista con cuánto pecado e iniquidad nos iba siendo revelada, escudriñamos y nos fuimos a lo profundo de nuestro ser, hasta que quedamos completamente desnudos ante el Señor y el uno con el otro.

Durante este proceso, no hubo juicios, no hubo shocks, no hubo "¿qué hiciste qué?, la vida de mi esposo y la mía estaban sobre la mesa, con toda su basura, y toda su podredumbre, y cada uno de estos pecados e iniquidades generacionales, los llevamos a la cruz.

El entender la dimensión de la cruz de Cristo como una realidad viva, me hizo empezar a tener experiencias profundamente vívidas y dolorosas, en donde cada uno de mis pecados los podía ver en el cuerpo de Jesús.

Las experiencias eran tan reales que podía ver, en cada latigazo de su cuerpo la paga por algo que yo había hecho, en cada gota de sangre derramada estaba mi nombre, en cada espina clavada en su cabeza estaban mis pensamientos inmundos, y en su mirada fija en la mía, el amor más profundo, diciéndome, "sigue, yo te amo, esto lo hice por ti, no te detengas ahora, sigue".

Estas experiencias con la cruz de Jesús comenzaron a transformarme desde adentro. Esa semilla que era Jesús mismo dentro de mí me mostraba cada día si caminaba dentro o fuera de su diseño y su justicia.

Después de haber vivido lo que mis pecados le hicieron al Hijo de Dios, si algo tenía claro es que no quería nunca más volver a cometer las mismas barbaridades. La convicción de pecado ahora era una realidad en mi vida y en la de mi esposo.

A partir de entonces cada vez que alguno de los dos falla de alguna forma, porque somos humanos y nos equivocamos, inmediatamente se lo contamos al otro. Acto seguido nos metemos a indagar qué fue lo que originó esa falta, porque el pecado no es más que el fruto de algo más profundo. Con amor y paciencia aprendimos a encontrar la rama, el árbol y la raíz de las cosas.

Si para eso hay que ayunar, lo hacemos. Si hay que estar en silencio y en reposo, lo llevamos a cabo. Lo importante es perseverar hasta arrancar toda raíz y no mantenernos separados de Nuestro Padre.

Entendimos que el temor a Dios no es tenerle miedo, sino, no hacer o desear nada que pueda lastimar Su corazón. Esta es de las revelaciones más maravillosas que he tenido en mi vida.

Dios es amor en todas sus expresiones, aun cuando nos disciplina lo hace con amor.

Cuando terminamos todo el proceso de buscar en nosotros cualquier pecado o cualquier iniquidad, estábamos exhaustos, habían sido 3 meses en los cuales lloramos mucho y experimentamos liberaciones muy poderosas incluso de maldiciones que habían estado ancladas a nuestras generaciones por siglos.

En ese tiempo nos reuníamos semanalmente con nuestra iglesia virtual, "El taller de Dios" el cual lideraba mi tía Cecilia Blanchet Pezet. En una ocasión compartió sobre Abraham e Isaac, esa historia de la biblia en la que Dios le pide a Abraham que le entregara a su hijo en sacrificio. Abraham en obediencia llevó a Isaac al monte, lo ató y lo puso sobre una piedra para matarlo. Cuando alzó el cuchillo, y con el corazón se lo entregó a su Creador, se oyó el balar de un cordero atrapado en una zarza y la voz del cielo como un trueno le irrumpió diciendo: ¡Detente!. Dios proveyó el holocaustó y salvó la vida de Isaac.

Mientras mi tía Cecilia hablaba, algo dentro de mi comenzó a romperse y empecé a sentir que Dios me pedía que le entregará lo que más amaba, mi familia. Recuerdo que no podía dejar de llorar. ¿Cómo después de todo lo que vivimos, de todo lo que pasamos, el Señor quería que le entregara a mi familia? ¿Qué significa esto? me preguntaba, todo era muy confuso. Mi llanto era desconsolado, mi esposo no sabía ni qué decirme.

Entonces tuve la conversación con Dios más seria y difícil que jamás me hubiera imaginado que podría tener, le dije de todo corazón:

"Señor, sé que ese mensaje era para mí, y quieres que te entregue a mi familia, y me pongo a tus pies para entregártela en este momento, no sé ni como, ni que sea lo que decidas hacer con nosotros, si es tu voluntad que dejemos de respirar que así sea,

sea lo que sea que tu decidas está bien, te entrego a mi familia"

¡Estaba teniendo una conversación con Dios, con Dios! Sabiendo que Él tiene todo el poder de desaparecernos en un segundo, Él es quien nos da la respiración y la extingue. Todo dentro de mí se desmoronaba, prácticamente no pude dormir, me levantaba y tocaba a mi esposo, no sabía si tendría vida o no, y por muy loco que suene lo que estoy describiendo, eso fue lo que viví, la muerte de mi familia.

Cuando amaneció y todos estábamos vivos, mi corazón se llenó de gozo, canté, lloré de alegría, di gracias y entonces me di cuenta de que algo había cambiado, antes de esa noche el primer lugar en mi vida lo tenían mi esposo y mis hijas, y ahora lo ocupaba Dios.

Oigo a mucha gente decir que Dios es lo más importante de sus vidas, y nosotros también lo decíamos, pero en el fondo hasta que no se llega a entregar lo que más amamos, Dios jamás tendrá la preeminencia en nuestras vidas.

Esto es un principio fundamental para que Dios pueda tomar el timón de nuestro barco, si no, la vida y el matrimonio serán una constante lucha entre Dios y nosotros por arrebatar el control del navío.

Porque todo el que quiera salvar su
vida, la perderá; y todo el que pierda su
vida por causa de mí, la hallará.

Mateo 16:25

En otras palabras, lo que en nuestra fuerza queremos salvaguardar, lo perdemos y lo que entregamos a Dios, dándolo por perdido en el corazón, lo ganamos eternamente; Y sabemos que se lo hemos dado porque se siente como el duelo de una muerte real.

Recuerdo que esa mañana nos fuimos a correr junto a la playa, como habitualmente lo hacíamos.

Cuando ya estábamos por terminar, escuché una voz dentro de mí, que subía a mi corazón y me decía "sumérgete, sumérgete". Yo sabía que ese era Dios hablándome. Era principio de noviembre y hacía mucho frío, pero la voz era tan clara que me quité los tenis y corrí hacia el mar.

Crucé la arena, pero antes de llegar al agua había unos tres metros llenos de sargazo podrido, al verlo me dio muchísimo asco pensar que tenía que hundir los pies en esa inmundicia. La voz dentro de mí se acentuaba, "Avanza, no te pares, esto que ves es la iniquidad", Me adentré en esas algas negras y babosas que me llegaban hasta la mitad de las piernas, era asqueroso.

Finalmente entré al agua que estaba tan helada, que se sentían cuchillos en los huesos. La voz se hacía cada vez más fuerte: "Sigue avanzando, sumérgete".

Cuando el agua me llegaba a la cintura, me dejé caer hacia atrás sumergiéndome completamente. El tiempo se detuvo, la temperatura dejó de ser relevante, esas aguas en las que me sumergía no eran el mediterráneo helado, eran las aguas de Jesús, eran aguas de vida. Tres veces salí a tomar aire, y tres veces me sumergió el Espíritu. Cuando salí por tercera vez era como haber nacido de nuevo, y en mi corazón oí nuevamente Su voz, "Eres mi hija amada". No podía dejar de llorar.

Cuando finalmente volví a esta dimensión, levanté la mirada para buscar a mi esposo y lo ví unos trescientos metros a mi derecha, también sumergiéndose en el agua. El Padre nos había llamado a los dos, sin ponernos de acuerdo, sin religión, sin sistemas, sin repetir oraciones, habíamos sido bautizados por Él, por Su agua y Su Espíritu, el gozo y la alegría en mi corazón no tenían comparación y sabía que nuestra vida nunca volvería a ser la misma.

Cuando salí del agua, frente a mi nuevamente estaba la montaña de sargazo podrido, y la voz ahora en tono alegre y con una sonrisa me dijo

"¿Vas a volver a hundirte en pecado e iniquidad?". No dije yo, exclamando enfáticamente. Caminé entonces hasta un lugar donde lo pude saltar, y ¡me reí, me reí mucho! Estaba llena del gozo del Padre, y corrí con mi esposo a contarle mi experiencia, y él a contarme la suya. Ese día está grabado y vivo en la eternidad y cada vez que quiero sentirlo vuelvo a él.

El haber pasado por todo el proceso de limpieza de pecado e iniquidad, así como el bautismo y el nuevo nacimiento, destruyen las moradas que construimos. Es así que pasamos de vivir en estado de consecuencia y victimización a un estado de vida y responsabilidad, la cual lleva con ella la vida y la luz de la resurrección en cada área de nuestra vida. Ya no somos más víctimas de nuestras circunstancias, sino que somos hijos con una nueva vida.

Poco a poco hemos ido pagando las deudas que quedaron tras la bancarrota y las malas decisiones, así que con fé y amor sabemos que llegará el día en que todas queden saldadas para darle gloria a Dios, ya que todo lo que tenemos hoy en día es por su gracia y no por nuestro esfuerzo.

DE LA TORMENTA
AL HUERTO

Sin duda el camino para la restauración de un matrimonio es un camino largo y lleno de circunstancias diferentes. Habrá días buenos, otros no tanto, pero sabe que sabe que, durante el trayecto, no estarán solos, Jesús los llevará de la mano y en Su corazón.

Como les comenté a lo largo de los capítulos anteriores, para poder lograr la restauración de la pareja, sin duda debemos trabajar con Cristo en nosotros como individuos. Si comenzamos a vivir en la luz de resurrección y en todas las victorias que Jesús ganó para nosotros en la cruz, comenzaremos a vivir una vida de Reino, en la cual nos haremos uno como matrimonio.

Pero ¿cómo era el matrimonio originalmente? Retomemos los fundamentos de los que hablamos en el capítulo 6.

"Entonces Jehová Dios formó al hombre del polvo de la tierra, y sopló en su nariz aliento de vida, y fue el hombre un ser viviente. Y Jehová Dios plantó un huerto en Edén, al oriente; y puso allí al hombre que había formado. Y Jehová Dios hizo nacer de la tierra todo árbol delicioso a la vista, y bueno para comer; también el árbol de vida en medio del huerto, y el árbol de la ciencia del bien y del mal."

Génesis 2: 7-9

Como vimos antes, cuando Dios nos creó y nos puso en el huerto éramos UN ser viviente.

"Tomó, pues, Jehová Dios al hombre, y lo puso en el huerto de Edén, para que lo labrara y lo guardase."

Génesis 2:15-17

En esa unicidad del ser, nos puso en el jardín para que lo habláramos y lo guardáramos. El trabajo y la protección nos correspondía a los dos, los cuales éramos UN solo ser.

> *"Y dijo Jehová Dios: No es bueno que el hombre esté solo; le haré ayuda idónea para él. Jehová Dios formó, pues, de la tierra toda bestia del campo, y toda ave de los cielos, y las trajo a Adán para que viese cómo las había de llamar; y todo lo que Adán llamó a los animales vivientes, ese es su nombre. Y puso Adán nombre a toda bestia y ave de los cielos y a todo ganado del campo; más para Adán no se halló ayuda idónea para él. "*
>
> **Génesis 2:18-20**

Cuando Dios formó a todos los animales para que los ayudaran en su misión y les dió la habilidad para traerlos de lo invisible a lo visible poniéndoles nombre, eran UN solo ser.

> *"Entonces Jehová Dios hizo caer sueño profundo sobre Adán, y mientras este dormía, tomó una de sus costillas, y cerró la carne en su lugar. Y de la costilla que Jehová Dios tomó del hombre, hizo*

una mujer, y la trajo al hombre. Dijo entonces Adán: Esto es ahora hueso de mis huesos y carne de mi carne; ésta será llamada Varona[Ishshah] , porque del varón[Ish] fue tomada."

Génesis 2: 21-23

De todos los huesos del cuerpo, de todos los órganos que tenemos, de todas las opciones posibles, Dios eligió la costilla.

Pudo haber tomado un trozo de fémur, el hueso más largo y fuerte del cuerpo, para que "camináramos juntos", pudo haber tomado un trozo del cráneo para que nuestras ideas fueran iguales, o quizá pudo haber tomado un hueso de la mano para que nos levantáramos y trabajáramos juntos y de la mano, sin embargo, Dios eligió la costilla.

La función principal de la costilla es la protección del corazón.

Haz una pausa y medita en esto.

A un hombre puedes amputarle las piernas, los brazos, puedes incluso quitarle algunos órganos, pero no puede vivir sin corazón.

En su libro *"El Espíritu del Hombre"* Ana Méndez Ferrell (mi mamá) describe el corazón de la siguiente manera y la cito textualmente:

"El corazón es una de las partes más importantes, ya que es el centro de nuestro ser y la principal puerta al espíritu. Es el órgano que determina todo lo que somos, así como la realización de nuestro destino en esta Tierra y en la eternidad. El corazón es el que determina quienes somos, cómo nos comportamos y es desde donde tomamos toda decisión en nuestra vida"

"Sobre toda cosa guardada, guarda tu corazón; porque de él mana la vida"

Proverbios 4:23

"Porque cuál es su pensamiento en su corazón tal es él"

Proverbios 23:7

Para labrar y guardar el jardín podemos hacer miles de acuerdos en nuestro matrimonio, y decidir juntos quién va a hacer qué cosa, no hay una regla, ni un sistema. Cada uno de nosotros somos únicos, con virtudes maravillosas, creados en el corazón de Dios, para cuidarnos y amarnos.

A la varona, a la "Ishshah", le dio un propósito especial, el de cuidar y proteger el corazón del hombre. Cuando el corazón es cuidado y protegido en amor, es impulsado a hacer proezas maravillosas.

"Es el corazón, el que nos hace dar los grandes pasos en la vida. Es donde se encuentra la fuerza de nuestro ser para lograr una victoria, para vencer en las tribulaciones, para tomar un riesgo. Es donde se forjan el valor y el miedo y es determinante para nuestra salud"

Qué propósito tan maravilloso y de incalculable valor, el de proteger el corazón de nuestro varón, nuestro Ish.

> *"Jesús ha dicho: cuando hagáis de los dos uno, os convertiréis en hijos de la humanidad y cuando digáis a la montaña, ¡Muévete!, se moverá."*
> **Evangelio de Tomás dicho 106**

Así, unidos como una sola carne, con Cristo y en Cristo, fuimos puestos en el huerto, en el Jardín del Edén.

> *"Así ha dicho Jehová el Señor: Tomaré yo del cogollo de aquel cedro, y lo plantaré; del principal de sus renuevos cortaré un tallo, y lo plantaré sobre el monte alto y sublime.*
>
> *En el monte alto de Israel lo plantaré y alzará las ramas, y dará fruto y se hará magnífico el cedro; y habitarán debajo*

de él todas las aves de toda especie; a las sombras de sus ramas habitarán.

Y sabrán todos los árboles del campo que yo Jehová abatí el árbol sublime, levanté el árbol bajo, hice secar el árbol verde, e hice reverdecer el árbol seco. Yo Jehová lo he dicho y lo haré"

Ezequiel 17:22-24

Ha llegado el tiempo de volver a labrar y guardar el huerto. Los cielos se están abriendo, y el Señor está sacudiendo y entrando cómo un huracán a destrozar las estructuras y los sistemas de este mundo. Una nueva página se abre en la bitácora de viaje de tu matrimonio. Una página para aquellos que estén listos, una página para los que no son tibios, los que no tienen miedo de levantarse, para que lo único exaltado sea el Poderoso y hermoso nombre de Dios.

La generación del Hijo varón, que vemos nacer de la mujer en el libro del Apocalipsis, el cual gobierna las naciones con vara de hierro, la generación de los hijos de la resurrección, la generación de los hijos de la luz que están listos para alzar su voz, es la generación tomada del cogollo de aquel cedro plantado por nuestro Padre sobre el monte alto y sublime. La generación que entiende cómo es fundamentado el matrimonio para poder fructificar, gobernar y sojuzgar la tierra.

A. | LA SEMILLA Y LA GERMINACIÓN:

Cuando nosotros recibimos a Jesús en nuestro corazón, una semilla de salvación nos es entregada y aquí es en donde nosotros debemos decidir, qué vamos a hacer con ella. De la misma manera, todo lo que han leído hasta ahora en este libro, son semillas y será su decisión que es lo que quieren hacer con ellas.

Podemos llegar a nuestra casa, y ponerlas en un frasquito con un algodón y agua y cuidarla todos los días para que empiece a germinar o podemos olvidarla en el fondo de la bolsa o en el pantalón que traíamos puesto ese día, y ver como nuestro matrimonio, se pierde entre los estragos de las tormentas.

Cada palabra de vida, que es o ha sido, sembrada en nosotros representa a una de estas semillas.

Nuestro matrimonio que había comenzado a germinar, como un frijolito en algodón, necesitaba mucho cuidado para que no muriera. Cómo ustedes saben, en el proceso de germinación de una planta, si pasamos un día sin echarle agua o le echamos demás, nuestro pequeño brote puede morir de sed o morir ahogado.

Este es el tiempo en el que aprendemos a conversar con el Padre, como niños pequeños, sin saber bien qué decir. Al mismo tiempo debemos tener mucho cuidado que ninguna estructura religiosa con leyes y falsas doctrinas venga y ahogue nuestro brote. De la misma forma en nuestro matrimonio, debemos hablarnos con cuidado y amor, con tacto y estimando al otro como vaso muy precioso, aprendiendo de nuevo la comunicación con el otro, cuidándonos de las estructuras que ya destruimos y que no queremos volver a forjar.

El Padre trabajó mucho en mi esposo y en mí, y cuando entramos en su orden y nos casamos fue cuando la transformación se hizo aún más fuerte. Nutrimos cada día nuestras plantitas, leyendo juntos su palabra todos los días.

Poco a poco nos fuimos dando cuenta que entre más tiempo pasábamos con el Padre, nuestra plantita se hacía más fuerte, así que empezamos a ayunar con frecuencia buscando una relación más profunda con Él.

Como en todo huerto, el labrador siempre tiene que cuidar que no crezcan en su tierra malas hierbas que amenacen la siembra o plagas que se la quieran comer. Es el tiempo de hacer conciencia de las malas semillas que forman parte de nuestra historia y desarraigarlas una a una. Así como cuidar las influencias en nuestro entorno que puedan ser dañinas y que puedan activar comportamientos nocivos para alguno de los dos.

Estos ayunos traen consigo una fuerte presencia y unción de Dios que fungen cómo abono en la plantita (nuestro matrimonio). Esta ya ha dejado de ser un germinado, ha desarrollado un tallo y hojas y va creciendo feliz en su maceta.

Y como dijera Jesús, solo uno de cada cuatro se tomará el tiempo para hacer este trabajo.

"Y les habló muchas cosas por parábolas, diciendo: He aquí, el sembrador salió a sembrar. Y mientras sembraba, parte de la semilla cayó junto al camino; vinieron las aves y la comieron. Parte cayó en pedregales, donde no había mucha tierra; y brotó pronto, porque no tenía profundidad de tierra; pero salido el sol, se quemó; y porque no tenía raíz, se secó. Y parte cayó entre espinos; y los espinos crecieron, y la ahogaron. Pero parte cayó en buena tierra, y dio fruto, cuál a ciento, cuál a sesenta, y cuál a treinta

por uno. El que tiene oídos para oír, oiga."

Mateo 13:3-8

Tenemos que tomar responsabilidad de nuestras semillas. Este es el punto donde gran parte de los matrimonios se pierden. Llaman a un ministerio y mandan mensajes pidiendo ayuda, pidiendo oración y liberación. Genuinamente no entienden porque no pueden avanzar en su vida espiritual y en su matrimonio.

Este trabajo es un proceso por el cual cada uno de nosotros debe de pasar y nadie puede hacerlo por ustedes, es la responsabilidad de cada uno de ustedes, tienen que hacerlo los DOS.

Ahora, está plantita, que representa nuestro matrimonio en Dios, empezaba a no caber en su maceta, y había que tomar una decisión:

Si dejábamos esa planta en la maceta y le dábamos agua todos los días, pues no se iba a morir. Pero también sabíamos que, si esa plantita no era trasplantada, tampoco iba a crecer más.

Mis queridos hermanos, la iglesia está llena de matrimonios de maceta, dependientes, frágiles y desechables. Para tener un matrimonio de reino hay que trasplantarnos al huerto, y ¿qué significa esto?

Esto implica llevar las cosas a profundidad, no conformarnos con soluciones fáciles y pasajeras que nos produzcan tan sólo un momento de solaz en medio de nuestras luchas y tormentas. Requiere un compromiso de ambos, en hacer una revisión hasta lo más profundo de los corazones, para sacar todo lo que es y vaya ser un estorbo para una vida matrimonial sumergida en la gloria de Dios.

Una maceta es una relación que se mantiene en la superficie. Tratan de llevarla bien, ser aceptados y vistos como un buen matrimonio en la sociedad y en la iglesia. Todo lo relevante, las rupturas internas, las fallas que no quieren que nadie se entere que existen sólo son sepultadas, y cada vez son empujadas más y más hondo. Así viven la mayoría de las parejas evadiendo confrontaciones o ser expuestos a vergüenza. Gobernados por el miedo a ser descubiertos o de ser maltratados. Huyendo hacia soluciones falsas y pecaminosas. Escondidos tras disfraces que ni siquiera se quieren poner, pero no tienen otra forma de dar la cara.

El miedo es un gobernante que controla, esclaviza y destruye cualquier relación. Las plantas de maceta terminan siendo bonsais. Tienen que verse bonitos aunque les cortemos la vida, el destino y su grandeza.

El huerto es la libertad de dos almas que se atrevieron a verse desnudas porque el amor era mayor que la vergüenza, porque la humildad, el valor, el querer vencer a toda costa en el matrimonio, es mayor que el orgullo e hipocresía.

El huerto es el territorio donde Dios y la pareja conviven. Donde sólo hay luz, vida y amor.

"Si decimos que tenemos comunión con Él y andamos en tinieblas, mentimos, y no practicamos la verdad; pero si andamos en luz, cómo Él está en luz, tenemos comunión unos con otros, y la sangre de Jesucristo su hijo nos limpia de todo pecado. Si decimos que no tenemos pecado, nos engañamos a nosotros mismos, y la verdad no está en nosotros. Si confesamos nuestros pecados él es fiel y justo para perdonar nuestros pecados y limpiarnos de toda maldad. Si decimos que no hemos pecado, le hacemos a él mentiroso, y su palabra no está en nosotros"

1 Juan 1:6-10

Aquí es donde radica la gran diferencia entre los verdaderos caudillos de luz, la generación de la resurrección y la vida, los matrimonios dispuestos a entrar en el Edén:

Unos van a decir "si, si quiero, pero no van a arrancar la iniquidad en su profundidad, van a quitar lo de arriba y el resultado será que más pronto que tarde, sus plantas o matrimonios, morirán porque no se tomaron el tiempo de tratarla.

Un día se van a despertar y van a ver todo muerto y preguntarán al Padre ¿Por qué? Porque hasta que no estemos limpios de toda iniquidad no podremos entrar en los caminos del huerto, y mucho menos en el diseño del Edén.

Otros van a llegar al fondo. Así que perseveren, hasta que todo sea expuesto a la luz.

El amor del Padre, la Sangre preciosa de Jesús y el Espíritu Santo los acompañarán en cada milímetro de tierra, en cada túnel de las cuevas oscuras del corazón y les darán las herramientas que necesitan para destruir cada raíz y cada hierba mala.

En mi caso, hubo raíces que tuve que escarbar y escarbar y escarbar, en silencio y esperando su revelación de que tan profundo necesitaba ir. Al terminar de sacar todo lo podrido y muerto que había en nuestra tierra, tuvimos que quemar todo y pasarlo por el fuego purificador, finalmente regamos todo el huerto con las aguas de su espíritu, y fuimos transformados y nacidos de nuevo en una experiencia única, fuimos sumergidos en sus aguas para poder ser verdaderamente una nueva criatura y un nuevo matrimonio en Cristo. Ahora sí, la tierra estaba lista y podíamos trasplantar la planta en el huerto.

No podemos avanzar en el Reino sin pasar por este proceso. Podemos tener un matrimonio, una plantita en una maceta que nunca va a crecer ni a dar fruto. Pero si queremos avanzar, esta planta necesita ser trasplantada de la superficie a la profundidad, de lo natural a lo sobrenatural. Para que pueda vivir ahora en la tierra del huerto, ésta debe ser limpiada, mineralizada con la palabra y la revelación que vienen directo del Padre, para que esté lista para la siembra; para que el matrimonio esté arraigado en los principios y la libertad producto de corazones puros.

Y entonces empieza a crecer el huerto.

> *"Tomó pues Jehová Dios al hombre y lo puso en el huerto del Edén para que lo labrara y lo guardase"*
> **Génesis 2:15**

Cada palabra que sale de Dios son plantas que Él siembra en nuestro huerto. El Edén en el principio era la suma de los pensamientos del Creador materializados en toda la creación.

Con el paso del tiempo van a empezar a ver todo tipo de plantas y árboles en su huerto, incluso bosques enteros, llenos de los misterios y la sabiduría gloriosa de Nuestro Padre.

Algo de lo que debemos ser muy conscientes y estar siempre muy atentos, es arrancar cualquier hierba mala que atente contra la vida de las plantas en nuestro huerto, recuerden, nuestra labor es guardarlo.

Las malas hierbas que vienen del mundo son por un lado el producto de nuestro pecado y de las áreas de nuestra personalidad que necesitamos cambiar, y por otro ideas negativas y contrarias a nuestra victoria en Cristo, que debemos resistir y arrancar de nosotros. Las primeras se vencen de rodillas y las últimas creyendo en la verdad.

Si dejamos que la hierba mala se multiplique en nuestro huerto, este puede ser destruido, ese fruto codiciable que nos invita a comerlo, invariablemente hará que seamos expulsados del jardín.

Habrá otros matrimonios o huertos que serán abandonados por la desidia, el desorden y la dejadez. Cuando en vez de ser regados por Cristo intentamos hacer todo con nuestra fuerza, invariablemente terminamos cansados y sin ganas de nada.

Nuestro matrimonio plantado en el huerto debe ser cuidado y guardado cada día.

Así, como lo fue en un principio, el Padre está en el jardín esperándolos con gozo TODOS LOS DÍAS.

"La voz de Jehová se pasea en el huerto, al aire del día"

Génesis 3:8

Con la resurrección de Cristo, los cielos y la tierra se han unido y podemos vivir nuevamente en el jardín del Edén. Esa dimensión espiritual donde Dios se está paseando con nosotros y podemos hablarle y compartir con Él.

Cada día, con cada amanecer tenemos la opción de comer del árbol de la vida o del árbol del conocimiento del bien y del mal, así como la elección de ir al jardín del Edén a adorar a Dios.

El agua de vida con la que se riega el huerto de nuestro matrimonio es Jesús mismo, con Su amor y Su palabra.

Si dedicamos nuestra vida al cuidado de nuestro matrimonio en el huerto, a pasearnos en el Edén con nuestro Creador, no necesitaremos absolutamente nada y toda provisión nos será dada.

*"Fuera del huerto tenemos que labrar
la tierra de la que fuimos tomados"*

Génesis 3:23 Paráfrasis

Fuera del huerto hay sudor por el trabajo y el esfuerzo, hay dolor y subyugación, hay tiranía e injusticia, incomprensión, juicios y violencia. En suma, fuera del huerto hay oscuridad y muerte.

Lo más fascinante del huerto es que cada día nos dejamos sorprender por algo nuevo y majestuoso que Él pondrá en el. Podemos ver cómo cada palabra que el Señor pone en nuestro corazón empieza a crecer hasta convertirse en un gran bosque. Uno lleno de su presencia, con portales que nos permiten acceder a dimensiones eternas. Un bosque con robles de raíces profundas, y copas tan altas que acarician dimensiones eternas.

Un matrimonio en el huerto es fructífero. ¿Y cómo es este fruto?

En esta pareja se manifiesta la vida. Donde ambos son edificados, buscando la limpieza de sus corazones, el permanecer en santidad, y permaneciendo en Cristo sobre cualquier otra cosa.

Es un matrimonio libre de dogmas y de doctrinas subyugantes, que deja salir la luz de Cristo que los reviste, porque Él mismo es sus vestiduras celestiales.

Este fruto se multiplica en sus círculos familiares, sociales y laborales, porque es tan grande la luz y el avivamiento que irradia y todos a su alrededor se preguntan ¿Qué está pasando?

Si tu matrimonio no produce el fruto de vida, está dando frutos de muerte. Tal vez proyecten ser un lindo matrimonio cristiano, pero la gente es impactada por lo invisible que emana de ustedes, eso que no tiene palabras, ni apariencias. Eso es lo que sin doctrinas ni grandes palabras, ni rebuscados sermones impartimos a nuestro alrededor. Tal vez sea el tiempo de ver qué PALABRA y qué semillas están sembrando en su huerto.

Si los brotes no proceden de la palabra del Padre, entonces prendanle fuego de rodillas y empiecen de nuevo. Arrancando ahora sus pecados, su idolatría al hombre, y todo lo que no viene de Dios. Si ustedes no le prenden fuego, entonces las consecuencias serán mucho peores.

El Padre siempre te deja ver la condición de tu huerto. Es tiempo de humildad, de enfrentar estas condiciones, y de pedir perdón. No sea que dejemos a nuestro Padre solo, esperándonos en el Jardín

Si su proveedor de semillas es ir por un frijolito una vez a la semana con el pastor, pues así será su resultado. Si buscan a su proveedor de semillas en el hombre, porque les han dicho que su huerto es fructífero, habrá semillas que reciban que serán maravillosas, habrá otras que tal vez no lo sean tanto.

Pero si su proveedor de simiente es el Padre en el mismo jardín del Edén, empezarán a descubrir plantas y animales nunca vistos. Bosques profundos y praderas por donde corre el Espíritu Santo y donde se respira su presencia. Es entrando en silencio y en la quietud del alma y de la mente donde Dios nos regala estos encuentros. Después que has estado ahí nada, nunca más volverá a tener sentido sin Él.

Porque es ahí, en el mismo Edén donde pueden ver el origen de dónde provienen qué es del mismo corazón del Padre. Entonces se gozarán al saber que un día volverán ahí, no sólo en espíritu sino con todo su ser. En ese lugar ya no existe temor alguno a la muerte, ahí reina la vida y la resurrección de Cristo.

"Los discípulos dicen a Jesús: Dinos cómo será nuestro fin.

Jesús ha dicho: ¿Habéis ya descubierto el origen qué ahora preguntáis

*referente al fin? Pues en el lugar donde
está el origen, allí estará el fin. Bendito
sea quien estará de pie en el origen
y conocerá el fin y no saboreará la
muerte"*

Evangelio de Tomás dicho 18

Aquí en la tierra todo es pasajero, lo que somos y lo
que tenemos. Es en esta dimensión dónde al llegar
nos olvidamos de Él. Sólo los puros de corazón, los
que no son tibios, los que no se conforman, los que
no esperan su partida de este mundo para verlo
de nuevo, pueden acceder a estas dimensiones.
Ellos lo aman más allá de sus límites, queriendo
entender cada milímetro de su sabiduría y de su
Reino.

Que dicha poder recorrer nuestro huerto, y
ver cómo a medida que nuestro matrimonio
va creciendo, el Padre nos va enviando amigos,
compañeros, hermanos; para que juntos podamos
deleitarnos viendo desde los más grandes, hasta
los más pequeños retoños de nuevas revelaciones
que Él nos regala.

Que dicha poder sentir la Gloria de Dios paseando
en el claro de la mañana. No hay ningún otro lugar
que se acerque a la grandeza de su Reino.

Es aquí, en este huerto en donde el Padre nos puso originalmente, para que cuidemos de él y gobernemos desde él, siendo UN SOLO SER.

Así que es tiempo de que decidan ¿qué van a hacer?

¿Limpiar el terreno?

¿Están listos para ver germinar las semillas y empezar a ver crecer el huerto?

¿O se van a quedar en un matrimonio de maceta en la ventana?

O peor aún, van a ir a comprar una planta de plástico, que se ve verde, que no necesita ningún cuidado, que no necesita de nadie, que está completamente muerta. Que se ve verde, pero no tiene vida y que solo aparenta.

> *"Cómo son más altos los cielos que la tierra así son mis caminos, más altos que vuestros pensamientos son mis pensamientos. Porque cómo desciende de los cielos la lluvia y la nieve y no vuelve allá. Sino que riega la tierra y la hace germinar, y producir, y da semilla al que siembra y pan al que come. Así será mi palabra, que sale de mi boca y no volverá a mí vacía, sino que hará lo que yo quiera, y será prosperada para aquello que la envié"*
>
> **Isaías 55: 9-11**

Nada llena más de gozo a nuestro Padre que un matrimonio como Él lo creó, en unicidad en Él, con Él, en el Edén.

Vamos a tener semillas que nos den alimento diario, y que vamos a tener que estar sembrando constantemente para que no nos falte nunca.

> *"Él respondió y dijo: Escrito está: No sólo de pan vivirá el hombre, sino de toda palabra que sale de la boca de Dios."*
>
> **Mateo 4:4**

Habrá otras semillas que serán arbustos que nos darán pequeños frutos dulces, que nos recuerdan cada día que Él está aquí, en nosotros, y que se deleita en el gozo y en el amor de sus hijos.

Habrá también palabra o semilla de gran altura y profundidad que será la simiente de los árboles de nuestro huerto.

También debo decirles que hay muchos huertos celestiales, pero sólo los verdaderos hijos de la resurrección podrán experimentar el matrimonio celestial en el huerto del Edén.

UN MAR
EN CALMA

Si algo pudimos aprender de nuestra tormenta,
es que el amor, no es un sentimiento, no es una
sensación emocionante y pasajera. El amor es
un compromiso diario, es Jesús mismo viviendo
a través de nosotros, y descubriendo en el otro
la esencia misma con la que salió del corazón de

Dios. Esa que es pura, sin edificaciones almáticas, sin decoraciones del mundo, esa que es libre de circunstancias y consecuencias.

Al descubrir esa partícula divina, es necesario descubrir sus lenguajes. En su maravilloso libro "Los cinco lenguajes del amor" Gary Chapman describe las diferentes formas con que el amor se comunica.

1. Palabras de afirmación
2. Tiempo de calidad
3. Actos de servicio
4. Regalos
5. Contacto físico

Como él mismo describe, cada persona tiende a expresar y recibir amor de manera diferente. Si ustedes en su matrimonio, conocen el lenguaje del otro, podrán comunicar su amor de forma que tanto ustedes como la otra persona se sienta amada, y que "el tanque de gasolina del amor" como él describe, se mantenga lleno. Este, sin duda, es un libro que les recomiendo leer a todos los matrimonios.

Cada relación es única, en sus virtudes y genialidades, así como en sus defectos y cosas que no nos gustan, y este conjunto hace que cada matrimonio sea único e irrepetible. Por otra parte, dentro de ese ser únicos hay cosas que son fundamentos de vida y amor.

> *"El amor es paciente y bondadoso; no es envidioso ni jactancioso, no se envanece; no hace nada impropio; no es egoísta ni se irrita; no es rencoroso; no se alegra de la injusticia, sino que se une a la alegría de la verdad. Todo lo sufre, todo lo cree, todo lo espera, todo lo soporta"*
>
> **1 Corintios 13:3-7**

> *«Te encargué», me dijo, «en mi primer mandamiento que guardes la fe y el temor y la templanza.» «Sí, señor», le dije. «Pero ahora», insistió, «quiero mostrarte sus poderes también, para que puedas comprender cuál es el poder y efecto de cada una de ellas. Porque sus efectos son dobles y hacen referencia tanto a lo justo como a lo injusto. Por consiguiente, tú confía en la justicia, pero no confíes en la injusticia; porque el camino de la justicia es estrecho, pero el camino de la injusticia es torcido. Pero anda en el camino estrecho [y llano] y deja el torcido. Porque el camino torcido no*

tiene veredas claras, sino lugares sin camino marcado, tiene piedras en que tropezar, y es áspero y lleno de espinos. Así pues, es perjudicial para los que andan en él. Pero los que andan en el camino recto, andan en terreno llano y sin tropezar: porque no es ni áspero ni tiene espinos. Ves, pues, que es más conveniente andar en este camino.» «Estoy contento, señor», le dije, «de andar en este camino.» «Tú andarás, sí», dijo, «y todo el que se vuelva al Señor de todo corazón andará en él.»

Pastor de Hermas (Apócrifo) Sexto Mandato

Andemos pues en nuestro matrimonio por el camino recto, en el camino llano, en el que no es áspero, ni tiene espinos. Hagamos de nuestra unión nuestro lugar de descanso, donde podemos vivir en el maravilloso "Movimiento en reposo" en Cristo.

"Jesús ha dicho: Si os dicen "¿de dónde venís?" decidles "Hemos venido de la luz, el lugar donde la luz se ha originado por sí misma, él se puso de pie y se reveló en las imágenes de ellos" si os dicen "¿Quién sois?" decid "Somos hijos de Él y somos los escogidos del Padre

viviente" Si os preguntan "¿Cuál es el signo en vosotros de vuestro Padre?" decidles "Es movimiento con reposo".

Evangelio de Tomás dicho 50

Ese lugar en donde habrá días buenos y otros no tanto, pero al que sabemos que, al llegar a casa, encontraremos un refugio, encontraremos a nuestra unidad, para que juntos descansemos en Cristo, porque sabemos quiénes somos, de dónde venimos y en quien reposamos.

Tómense el tiempo de mirarse a los ojos, de abrazarse, de respirar juntos, de verse por dentro.

Descubran la esencia del otro, a mí no deja de sorprenderme cada vez que encuentro un aspecto nuevo o joyas hermosas dentro del corazón de mi esposo, y me siento cada día más afortunada y orgullosa de él. No sólo por haber salido adelante de las adicciones, sino por la humildad que veo en él diariamente. Me enternece cómo le entrega su voluntad al Señor para continuar en el camino recto, llano y sin tropezar, un día a la vez y con Jesús de la mano. Su victoria, no la da por sentada, a diario la conquista.

Me maravilla descubrir en él, el gozo del Padre, siempre creativo y con la capacidad de hacernos reír hasta en las situaciones más inverosímiles.

El versículo en Mateo 19:14 dice: *"Entonces Jesús dijo: «Dejen que los niños se acerquen a mí. No se lo impidan, porque el reino de los cielos es de los que son como ellos"*

Este pasaje describe perfectamente el alma y el espíritu de mi esposo, su inocencia, su misericordia, y al mismo tiempo la fuerza que éstas traen por dentro, nos ha llevado a puerto seguro en cada tormenta que se avista en el horizonte amenazando nuestro barco.

> *"Y me dijo: «Mantén la simplicidad y la inocencia, y serás como un niño pequeño, que no conoce la maldad que destruye la vida de los hombres"*

Pastor de Hermas Segundo Mandato

Sin importar que alguien le haya hecho daño o lo hayan traicionado, siempre encuentra una palabra de oración y de misericordia para con ellos. Cada día admiro más su templanza, su "mano izquierda" como él dice, que invariablemente lo lleva a sacar lo mejor de las personas con las que interactúa.

Esta capacidad de ver más allá en el interior de la gente lo hace conectarse con la esencia de ellas, ya sean aquellas sin hogar con las que platica en la calle, hasta empresarios y líderes de todos los ámbitos. No importa quién sea, él siempre los trata como a un verdadero hermano.

En casa él es el mástil que sostiene las velas, el timón hace mucho tiempo que se lo dejó a Cristo. Es esa columna a donde todos podemos llegar a abrazarnos y donde juntos podemos echar el ancla cuando lo necesitamos. Su firmeza nos inspira a extender las velas que nos han llevado a los lugares más maravillosos en el corazón de Dios.

No deja de sorprenderme cómo desde ese mástil, como un centinela, observa y se preocupa por todos a su alrededor, su corazón lleno de misericordia procura siempre que todos estén bien, y si alguien necesita algo es el primero en saltar para ayudar, para estar, para servir como sea necesario. Incluso cosas tan chiquitas como salir de casa y regresar con un chocolate que silenciosamente viene lleno de un "estoy pensando en ti".

Nuestra vida es un constante agradecimiento de todo lo que tenemos y todo lo que no tenemos, no hay día que no lo abrace, que no le dé gracias a Dios por permitirme experimentar su amor a través de él y de lo afortunada que soy de ser, **un solo ser**, con él.

Hace poco mientras estudiaba el Libro de Enoc, hubo un versículo que movió todo dentro de mí, porque me identifiqué completamente y está en el capítulo 41 dentro de los secretos astronómicos y dice:

"Y vi las cámaras del sol y la luna, de dónde proceden y adónde vuelven, y su glorioso regreso, y cómo uno es superior al otro, y su órbita majestuosa, y cómo no abandonan su órbita, y no añaden nada a su órbita ni le quitan nada, y se mantienen fieles unos a otros, de acuerdo con el juramento por el que están unidos"

Más adelante dice *"Y dan gracias y alabanza y no descansan;"* *"Porque para ellos agradecer es entrar en su reposo."*

Nos mantenemos fieles, unos a otros de acuerdo con el juramento por el que estamos unidos y cada vez que agradecemos, entramos en el reposo del Padre. Así que no hay que complicarse mucho la vida, ¿quieres entrar en el reposo de Dios? Agradece.

En nuestro matrimonio vivimos en un agradecimiento constante en el cual descansamos y entramos en el reposo del Padre.

Aprendimos a decirnos lo que no nos gusta del otro con amor, y si alguno de los dos se equivoca, a pedir perdón y trabajar en esa área para seguir creciendo en amor.

Así que disfruten el viaje, naveguen en amor en Sus aguas de vida, y sumérjanse en las dimensiones de su huerto en el Edén. Déjense sorprender por el Padre, descubran juntos el gozo de la vida e impacten con la luz de la resurrección que vive en ustedes a todos los que los rodean. No se compliquen la vida, ser feliz es simple.

Podemos cambiar el mundo un matrimonio a la vez, llevemos la luz y el evangelio de Jesús a todo el planeta y reinemos en el diseño en que fuimos creados, viviendo en Él, y con Él.

Dándole a nuestro Padre siempre, toda la gloria y toda la honra por los siglos de los siglos.

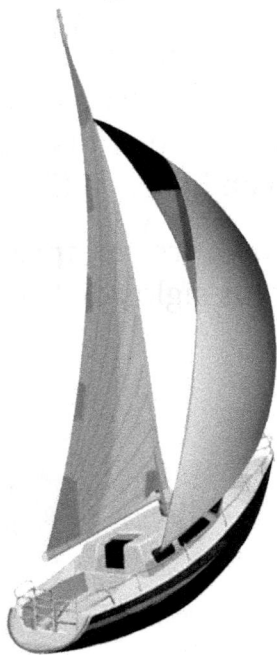

Bibliografía

• E. Ferrell, "Generación de Resurreción" (2019) VOTLM

• Diccionario bíblico, El Tesoro del Saber, estudiosbiblicos.org

• Gordon Fee. Primera epístola a los Corintios. Nueva Creación. Buenos Aires. 1994. 569-572

•Harrison, E. F., Bromiley, G. W., & Henry, C. F. H. (2006). Diccionario de Teología (93). Grand Rapids, MI: Libros Desafío.

• Douglas, J. (2000). Nuevo diccionario Bíblico, Primera Edición. Miami: Sociedades Bíblicas Unidas.

• A, Méndez Ferrell, S. Aquino, A. Louceiro Plattner, L. Méndez. "Evangelio de Tomás" (2023) VOTLM

• (1), (2) A, Méndez Ferrell "El Espíritu del Hombre" (2014) VOTLM página 153-154

• G. Chapman "Los 5 lenguajes del amor, El secreto del amor que perdura"

• Pastor de Hermas, versión en línea

• Anónimo, "El libro de Enoc"

www.ingramcontent.com/pod-product-compliance
Lightning Source LLC
Chambersburg PA
CBHW052040090426
42739CB00010B/1987